JN186208

玉川百科 こども博物誌　小原 芳明 監修

ぐるっと地理めぐり

寺本 潔 編　青木 寛子 絵

玉川大学出版部

監修にあたって

玉川学園の創立者である小原國芳は、１９２３年にイデア書院から教育書、哲学書、芸術書、道徳書、宗教書などとともに児童書を出版し、１９３２年には日本初となるこどものための百科辞典「児童百科大辞典」（全30巻、～37年）を刊行しました。その特徴は、五十音順ではなく、分野別による編纂でした。

イデア書院の流れを汲む玉川大学出版部は、その後「学習大辞典」（全32巻、１９４７～51年）、「玉川児童百科大辞典」（全30巻、１９５０～53年）、「玉川こども百科」（全１００巻、１９５１～60年）、「玉川百科大辞典」（全31巻、１９５８～63年）、「玉川児童百科大辞典」（全21巻、１９６７～68年）、「玉川新百科」（全10巻、１９７０～71年）、そして「玉川こども・きょういく百科」（全31巻、１９７９年）を世に送り出しました。

インターネットが一般家庭にも普及したこの時代、こどもたちも手軽に情報検索ができます。学校の調べ学習にインターネットは大きく貢献していますが、この「玉川百科　こども博物誌」はこどもたちが調べるだけでなく、自分で読んで考えるきっかけとなるものを目指しています。自分で得た知識や情報を主体的に探究する、これからのアクティブ・ラーニングに役立つでしょう。

教育は学校のみではなく、家庭でも行うものです。このシリーズを読んで「本物」にふれる一歩としてください。

玉川学園創立90周年記念出版となる「玉川百科　こども博物誌」が、親子一緒となって活用されることを願っています。

小原芳明

はじめに

日本と世界のいろいろな場所のちがいについて、地図と絵と文で紹介したのがこの本です。場所がちがえば、風景や食べものもちがいます。人がつくった建物やことばもちがってきます。そうした場所によるいろいろなちがいを地図にあらわしたり、「どうしてここにあるのかなあ?」って考えるのが「地理」です。地理は、いま、目のまえに見える場所のちがいをたいせつにします。でも、むかしをたいせつにする「歴史」もおもしろいので、この本には「歴史」を感じることができる建物や場所もでてきます。

まずはじめに、少女さくらとオウムのマッピーの案内で、日本の地理を見ていきましょう。みなさんがすんでいる場所はどこでしょう。つぎに、少年大地とラクダのコブリーといっしょに、世界の地理を体験しましょう。さくらや大地が着ている服も地理をあらわしています。じっくり、ていねいに絵を見てください。「へえー、そんな場所もあるのか!」「いってみたいな」と、みなさんも旅行するような気もちで、この本のページをめくってください。知らないことがたくさんあるかもしれませんが、さくらがだす日本の各地方についてのクイズをやってみたり、もの知りコブリーの話をきくと、地理はかせになれるかもしれません。地理を知ることは、鳥の目になって空から場所のひろがりやちがいを感じることです。さあ、日本と世界の地図旅行にでかけてみましょう。

寺本　潔

おとなのみなさんへ

「所変われば品変わる」ということばがあります。場所がちがえば、品（その土地で生まれるもの）も変わってくるということばです。この見方を自分の国や外国まで広げ、豊かな世界像を築けるように手助けするのが「地理」です。日本や世界のようすが頭のなかの地図で描けるようになれば、世のなかの大枠と自分の立ち位置がわかるようになり、自分のこころが安定します。つまり、「地理」と「地図」は密接に関係しているのです。ですから、この図鑑でも、日本と世界の地理を地図を通して表すように編集しました。

さらに工夫したのは、「旅」という移動の視点をとりいれたことです。移動することで「所変われば品変わる」が、はっきりとわかるからです。この図鑑に登場する少女とオウム（日本）、少年とラクダ（世界）の二種類のキャラクターとともに、日本や世界の旅行に出かけるような気持ちでページをめくってください。旅のルートをたどりながら、特色ある風景やその土地らしい食べもの、さらに歴史・文化の醍醐味を味わってください。加えて、全体を通して大切にしたのは、「その土地らしさ（品）」です。その地方や国の特色をわかりやすく示すために、どのような品（絵）を選んだらいいのか、クイズやコラムの選択とその解説文に執筆者一同、工夫を加えました。とりわけ、解説文は簡潔さを心がけました。厳選されたことばで説明が加えられています。地図や地形図などすべてを絵で表現し、細部にもこだわり、しかもあたたかみを感じる描写になっています。じっくりと、こどもたちといっしょに絵のなかをのぞきこんで、その土地らしさを楽しんでください。

「地理」を識（し）ることは、広い視野を獲得することです。広い視野からものごとを考える習慣は、変化や移動の激しい現代の社会を、落ちついて見つめる糧となります。本書を通して、日本や世界を識る喜びを感じていただければ幸いです。

寺本　潔

「ぐるっと地理めぐり」もくじ

監修にあたって　小原芳明　3

はじめに　寺本　潔　4

おとなのみなさんへ　寺本　潔　5

さぁ、旅にでかけよう　8

1 日本を旅しよう　9

日本って、どういうところ？　10

① 日本の位置　② 日本の範囲　③ 日本の地形　④ 日本の自然

▼九州地方　17

▼四国地方　25

▼中国地方　33

▼近畿地方　41

日本ぐるぐる、のりもの旅　49

▼中部地方　57

▼関東地方　65

▼東北地方　73

▼北海道地方　81

もういちど日本地図　89

① 日本の行政区分　② 日本の交通網　③ 日本の食文化　④ 日本の方言　⑤ 日本の世界遺産

2 世界を旅しよう 97

世界って、どういうところ？ 98

①世界の区分 ②世界のかたち ③世界の地形 ④世界の気候

▼アフリカ州 105

▼ヨーロッパ州 111

▼北アメリカ州 117

▼南アメリカ州 123

▼オセアニア州 129

▼アジア州 135

もういちど世界地図 143

①南極・北極 ②世界全図 ③所要時間 ④世界の食文化

いってみよう 150

鉄道博物館／道の駅／地図と測量の科学館／橋の科学館／平取町立二風谷アイヌ文化博物館／首里城公園／三内丸山遺跡／博物館 明治村

読んでみよう 154

ぼくのいまいるところ／ちずあそび／ぼくらの地図旅行／日本の駅なるほど百科／たまがわ／馬のゴン太旅日記／つな引きのお祭り／りんご／乳牛とともに／日本の伝説／韓国・朝鮮と出会おう／世界の国旗・クイズ図鑑／世界あちこちゆかいな家めぐり／せかいのひとびと／カンボジア

マッピー

さぁ、旅にでかけよう

この本は、「日本の旅」「世界の旅」のページに大きくわかれています。さくらと大地が、旅のなかまマッピーとコブリーとそれぞれ旅をします。あなたもいっしょにでかけませんか。

日本を旅するページ

いろいろなのりものにのって、あなたもさくらといっしょに日本をぐるりと一周してみましょう。

クイズで日本を知ろう

さくらのだすクイズに、オウムのマッピーはなんでも答えてしまいます。あなたは絵をよく見ていてくださいね。

空から日本をながめよう

マッピーが、空から日本のすがたを見せてくれます。まえのページにでてきた絵は、どこにあるでしょう。さがしてみましょう。

世界を旅するページ

ラクダのコブリーが、あなたと大地を世界の旅に案内します。

いってみよう！

自分の目でたしかめてみたくなったら、ここを見てください。日本国内の施設を紹介しています。

読んでみよう！

日本や世界のことをもっと知りたくなったら、この読書ガイドを見てください。

コブリー

1 日本を旅しよう

さくら／マッピー

はじめまして、わたしはさくら。わたしは、地図や時刻表をながめるのが大好き。この子はマッピー。とっても、もの知りなオウムなの。

わたしとマッピーは、旅のなかま。あなたも、これからわたしたちといっしょに、日本全国をとびまわってみませんか？

地球儀をまわして、日本をさがそう

地球儀は、わたしたちがすんでいる「地球」のかたちを小さくした模型だ。

地球儀をゆっくりまわしてみよう。大きな大陸や、いろんなかたちの島がある。日本の場所を見つけられるかな？

地球儀のいちばんふくらんだあたりに、地球をかこむように赤い線がひいてある。これを「赤道」という。北極と南極からおなじ距離のところをむすんだ線だ。赤道から上（北半分）を「北半球」、下（南半分）を「南半球」とよんでいる。

日本は赤道より北にあるから、北半球に位置している。

北半球にある、世界でいちばん大きな陸地（大陸）「ユーラシア大陸」を見つけられるかな？

その大陸の東がわ（右どなり）にある島国が、日本だ。世界地図（144～145ページ）で見ると、アジア州の東のはじにあるのがわかる。

日本のすぐ西には韓国（大韓民国）があって、その西に中国（中華人民共和国）がある。北海道のすぐ西どなりはロシア（ロシア連邦）だ。

日本からずっと南へいくと、南半球に「オーストラリア大陸」がある。

日本は海にかこまれた島国だ

日本をずっと高いところから見ると、４つの大きな島が弓なりにならんでいるのがわかる。北から、北海道、本州、四国、九州だ。このかたち、バナナのように見える人もいるかもしれないね。

日本という国は、この４つの島と、約７０００もの小さな島（離島）からなりたっている。人がすんでいる島は約４００で、のこりは無人島だ。

日本は、とてもひろい太平洋、それから日本海、オホーツク海、東シナ海にかこまれている。このようにまわりを海にかこまれ、ほかの国と陸地でつながっていない国のことを海洋国（島国）という。これにたいして、ほかの国と陸つづきになっていて海がない国は内陸国とよばれる。

中国
（中華人民共和国）
北朝鮮
（朝鮮民主主義
人民共和国）
韓国
（大韓民国）
九州
四
東シナ海
南西諸島
台湾
西のはし
与那国島
フィリピン

日本の地形を見てみよう

地図の茶色い部分は標高の高いところ、
緑色の部分は低いところだ。

日本にはいろいろな地形がある。海にめんした平地を平野、平野のなかで一段高くなっているたいらなところを台地、山にかこまれた平地を盆地、山のあつまったところを山地、山が列のようにあつまったところを山脈という。

山脈や山地は、日本列島のほぼまんなかに背骨のようにつらなっている。日本の国土の約3分の2は、山や丘のような土地だ。日本のゆたかな自然を見てみよう。

日本の山の高さベスト3

	順位	山	高さ
❶	1位	富士山	3776m
❷	2位	北岳	3193m
❸	3位	奥穂高岳	3190m
		間ノ岳	3190m

日本の川の長さベスト3

	順位	川	長さ
❶	1位	信濃川	367km
❷	2位	利根川	322km
❸	3位	石狩川	268km

日本の湖の大きさベスト3

	順位	湖	大きさ
❶	1位	琵琶湖	670km^2
❷	2位	霞ケ浦	168km^2
❸	3位	サロマ湖	152km^2

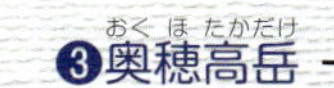

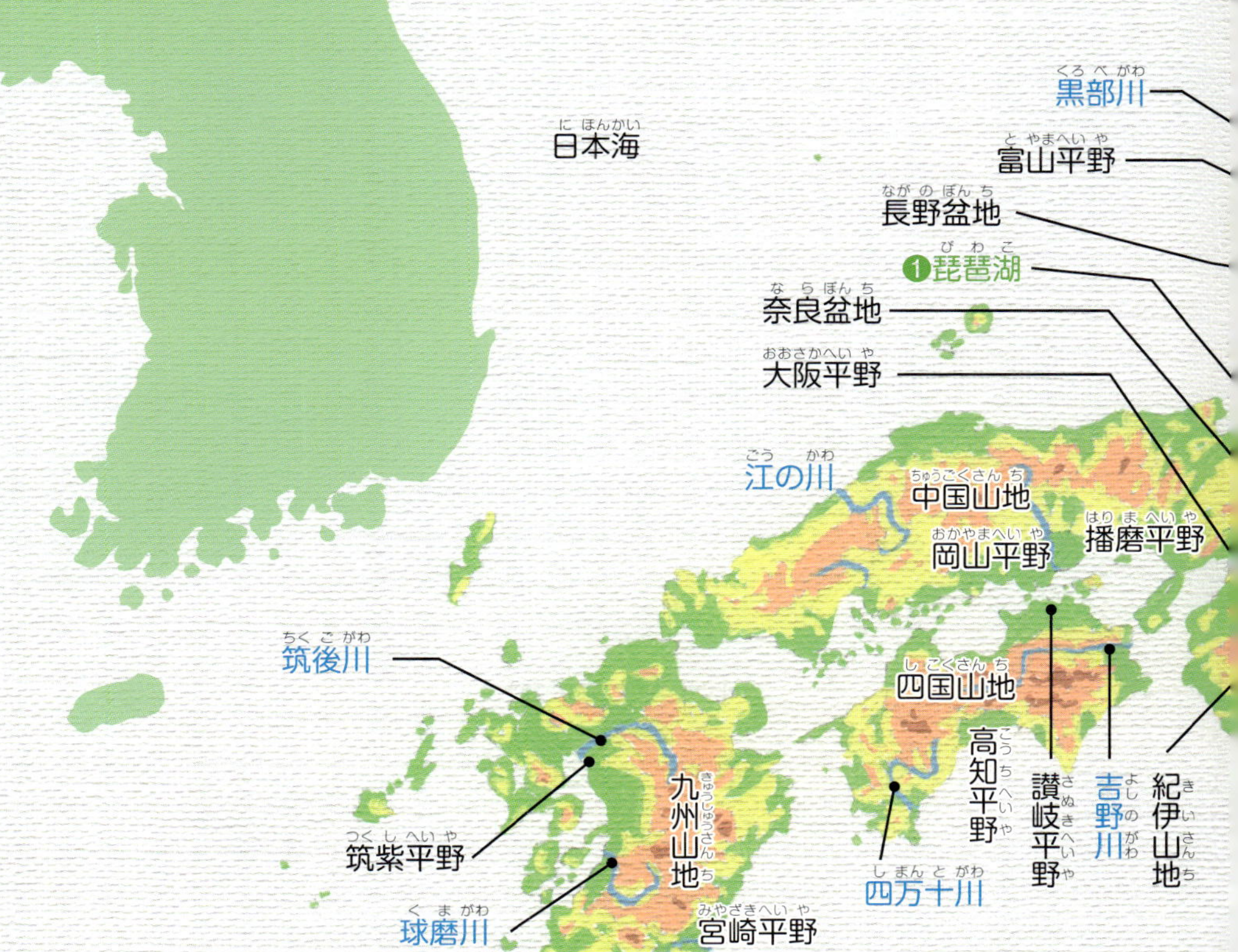

自然はさまざなけしきをつくりだす

日本は山が多く、たいらなところが少ない。そのおかげで、地形は変化にとみ、峡谷や、複雑にいりくんだ海岸線ができ、意外なけしきがうまれる。川は比較的せまくて急で、海に流れこむあたりには平野がひろがる。

マッピーノ
メデミル！
山脈
たくさんの山々が列をつくったように長くならんでいるところ
湖
盆地
まわりを山にかこまれた、たいらなところ
山地
山があつまっているところ
平野
海にめんした、ひろくてたいらなところ
湾
海が陸地にはいりこんでいるところ

九州地方

地図で色のこいところが九州地方。
九州地方は、日本のいちばん南に位置する地域だ。
阿蘇山や桜島など火山が多く、そのため温泉が楽しめる。
沖縄には美しい亜熱帯の海と島々がひろがっている。
古くから、おとなりの国の韓国や中国とのつきあいもさかんで、
外国からつたわったサツマイモやカステラが日本ではじめて食べられた地方だ。
「うまか（おいしい）」「おじゃったもんせ（ようこそ）」
「ちゅらさん（きれいな人）」など、方言もおもしろい。

「ねえマッピー、これ知ってる？」

九州地方

さくらが「九州地方」について、マッピーにクイズをだしているよ。
あなたも、絵とマッピーの答えをよく見て、つぎのページをめくってみよう。
「マッピーの目」からながめた九州地方に、クイズとおなじ絵があるよ。
どこにあるか、さがしてみよう。見つけられるかな？

バナナのふさをもったおじさんが、お客さんをあつめてるよ。なんだ？

バナナ ノ タタキウリ！

水車が3つ、水しぶきをあげて動いているよ。なんという名まえだ？

海にいる、ぎょろっとした目玉のドジョウみたいな生きもの、なんだ？

ムツゴロウ！

日本で最初の鉄筋コンクリートの高層アパートがのこる無人島は？

グンカンジマ！

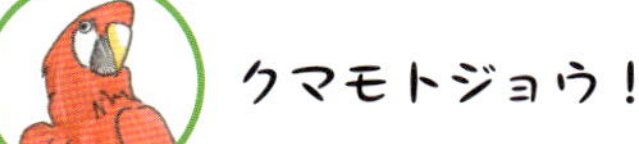

美しい石垣や大きな天守閣。武将・加藤清正のお城といえばなんだ？

クマモトジョウ！

きりたつ石の柱にかこまれた峡谷。神秘的でしょ。どこだかわかる？

タカチホキョウ！

カルデラとよばれるお鍋のような地形をもつ活火山、なんだ？

アソサン！

ものすごい光と音。雲をつきぬけてとびだしていった。あれ、なんだ？

ロケット！

町じゅうから、もうもうとあがる湯気。これ、なんだ？

オンセン！

「やんばる」という森にすむこの鳥は、とべないの。名まえはなんだ？

ヤンバルクイナ！

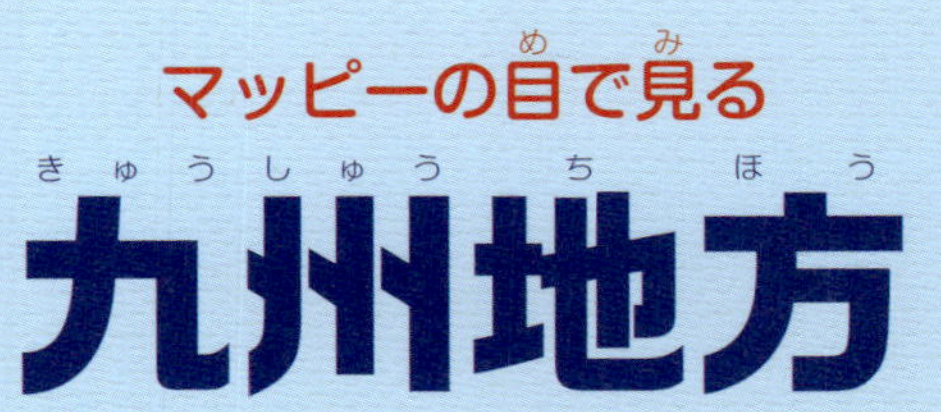

マッピーの目で見る

九州地方

まえのページとおなじ絵をさがしてね

オンセン
イッパイ

①バナナのたたき売り
バナナのたたき売りは、門司港からはじまった。

⑤伊万里焼
磁器とよばれる焼きもの。白地に、はなやかな絵が独特。

②志賀島の金印
黄金のはんこが、志賀島の畑から見つかった！

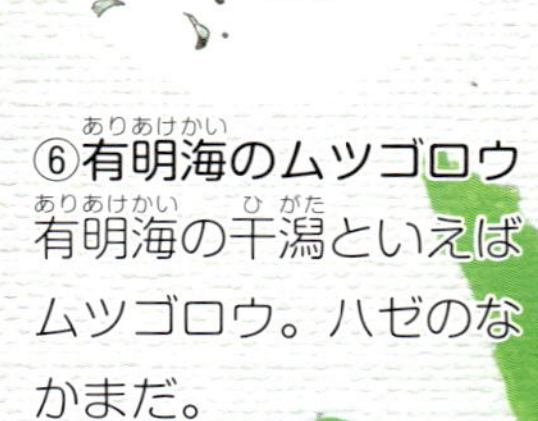

⑥有明海のムツゴロウ
有明海の干潟といえばムツゴロウ。ハゼのなかまだ。

③筑後川の３連水車
水車は、川の水を田んぼにひくためのものだ。

⑧雲仙普賢岳
有明海につきでた半島にある火山。自然に親しむ公園・ジオパークがある。

⑦軍艦島
海から見ると、まるで軍艦のようなすがたに見える島。

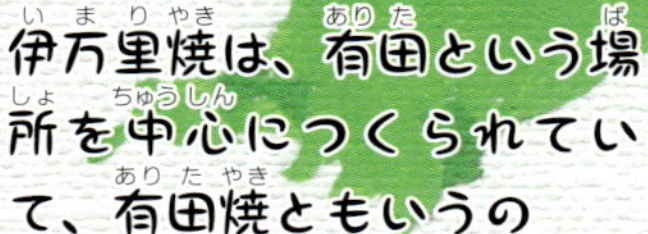

伊万里焼は、有田という場所を中心につくられていて、有田焼ともいうの

⑨熊本城
カーブした石垣を見て。「武者がえし」という。

④柳川
かんたく地とよばれる、海をうめた土地がひろがる。

①の絵がある場所

⑰内之浦のロケット発射場
小惑星探査機「はやぶさ」は、ここからうちあげた。

⑬地熱発電
地下からわきでる蒸気と熱から電気をつくる。

⑩阿蘇山
高さは1592メートル。むかしの地名「肥後国」とおなじだ。

⑱首里城
中国風の建物と石垣の曲線が美しい、むかしの沖縄のお城だ。

⑭高千穂峡
ふかいV字型の峡谷を落ちる滝は、はくりょく満点。

⑲ヤンバルクイナ
山原は、沖縄本島北部の自然が多くのこっている地域。

⑮ピーマン
海岸ぞいのビニールハウスで、ピーマンをつくってる。

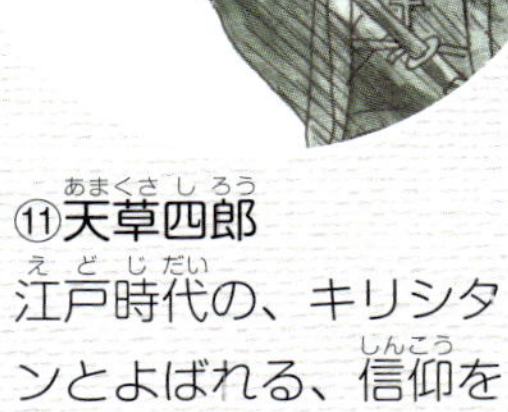

⑪天草四郎
江戸時代の、キリシタンとよばれる、信仰を守る人だ。

⑳竹富島の赤がわら
赤いかわら屋根は、むかしながらの沖縄らしいすまい。

⑯桜島火山
大正時代に大噴火。ながれでた溶岩で大隅半島とつながった。

⑫別府温泉
海地獄とか血の池地獄って……なんだかこわそう！

九州 あんなところ こんなもの

日本の南に位置する九州地方のなかまは、福岡県、佐賀県、長崎県、熊本県、大分県、宮崎県、鹿児島県、沖縄県の8つだ。さくらが調べた九州地方のとくちょうを地図の番号とてらしあわせながら、いっしょに見てみよう。

大分県
佐賀県
福岡県
長崎県
宮崎県
熊本県
鹿児島県
沖縄県

①バナナのたたき売り　福岡県
明治時代、台湾からとどいたバナナを港で売った。独特の歌や口上でお客をよび、わらわせる。

②志賀島の金印　福岡県
邪馬台国という日本のもっとも古い国が、福岡県にあったかもしれない、そのあかしのひとつ。

③筑後川の3連水車　福岡県
江戸時代につくられて、いまもはたらく木製の水車は、日本ではこれだけ。筑紫平野のシンボルだ。

④柳川　福岡県
有明海にめんした水路の町。海面からの高さは0~6メートルの低い土地。イグサの栽培がさかんだ。

⑤伊万里焼　佐賀県
もともとは、朝鮮からきた人たちによってつくられた。古伊万里という江戸時代の磁器は価値が高い。

⑥有明海のムツゴロウ　佐賀県
たらいと板をつかい、干潟の上をすべりながらムツゴロウをとる。蒲焼きは佐賀の郷土料理だ。

⑦軍艦島　長崎県・端島
海底の石炭をほっていた会社の建物や、はたらいていた人たちのアパートがのこる。世界遺産だ。

⑧雲仙普賢岳　長崎県

1991年に火山からふきでた「火砕流」（あつい灰などのかたまり）で、多くの人がなくなった。

⑨熊本城　熊本県

明治時代に、西郷隆盛とのたたかいで城は燃えた。熊本地震にもあい、復元には時間がかかる。

⑩阿蘇山　熊本県

噴火のあとにできたくぼ地を「カルデラ」という。これは、ポルトガル語で「大きな鍋」という意味。

⑪天草四郎　熊本県

10代なかばの少年が「島原の乱」という反乱のシンボルになった。美少年だったとされる。

⑫別府温泉　大分県

大分県は、わきでる湯の量が日本一だ。海地獄や血の池地獄など、いろんな色の温泉がある。

⑬地熱発電　大分県

九重町の八丁原発電所は、火山の活動をいかして電気をつくる日本最大の地熱発電所。

⑭高千穂峡　宮崎県

独特な石のがけは、火山の噴火で川にそってながれでたものが、きゅうげきにひやされてできた。

⑮ピーマン　宮崎県

ゆたかな水とあたたかい気候をいかしたピーマンづくりがさかん。ほかよりはやめに出荷される。

⑯桜島火山　鹿児島県

いまも活発な火山で、警戒が必要だ。町には、火山灰をあつめる灰おき場がたくさんある。

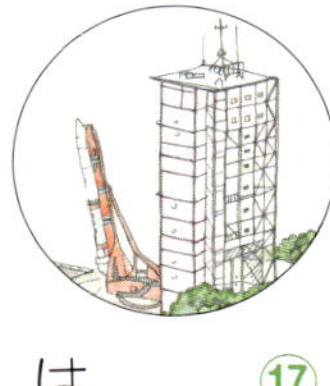

⑰内之浦のロケット発射場　鹿児島県

肝付町にある内之浦宇宙空間観測所。「はやぶさ」は、小惑星イトカワから石をもちかえった。

⑱首里城　沖縄県・沖縄本島

守礼門とサンゴの城壁でつくられた、約500年まえの城。むかし、沖縄は琉球とよばれていた。

⑲ヤンバルクイナ　沖縄県・沖縄本島

天然記念物。野生のネコがおそったり、交通事故でひかれたりなどで、数が少なくなっている。

⑳竹富島の赤がわら　沖縄県・竹富島

サンゴ礁でできた竹富島では、種子取祭という作物に感謝する伝統のおまつりを大事にしている。

王塚古墳（福岡県）の内部

竹原古墳（福岡県）の壁画

チブサン古墳（熊本県）の外観（上）と内部（下）

九州に多い色とりどりの古墳

いまから約1500年もまえのえらい人のお墓のなかには、かべや棺にあざやかな色がつけられたものがある。「装飾古墳」とよばれるお墓だ。

全国には約600の「装飾古墳」があるが、そのうち340が、九州の福岡県や大分県、熊本県にかけて見つかっている。

なかでも熊本県山鹿市にある「チブサン古墳」は有名で、長さが45メートルもある。かべにえがかれた2つならんだ◯が女性の乳房ににているからこう名づけられた。

お墓は、まえが四角でうしろがまるい丘になっている。人がなかにはいれる古墳で、うす暗い石の部屋のかべには、◇や◯、△のかたちの図形があざやかな色でえがかれている。朱色（赤）や黄色、黒色などで図形や船、人や馬、カエルなどの絵柄がかざられている。

古墳にまつられている人は、きっと死んだあとでもさびしくないだろう。

四国地方

地図で色のこいところが四国地方。

四国地方は、まんなかを西から東にのびる高い山々（四国山地）をはさんで北と南にわかれる。

北の瀬戸内海がわは、温暖で雨が少ない。

その気候をいかして、
かつては、うどんの原料となる小麦づくりや、塩づくりがさかんだった。

南の太平洋がわは、雨が多く、とくに台風の季節にはたくさんふる。

太平洋にめんした港町では、カツオやタイなどの魚をとる漁業がさかんだ。

「ねえマッピー、これ知ってる？」

四国地方

さくらが「四国地方」について、マッピーにクイズをだしているよ。
あなたも、絵とマッピーの答えをよく見て、つぎのページをめくってみよう。
「マッピーの目」からながめた四国地方に、クイズとおなじ絵があるよ。
どこにあるか、さがしてみよう。見つけられるかな？

海が大きなうずをまいているよ！
あれ、なんだ？

ウズシオ！

浦島太郎のお話にでてくる海の動物、なんだ？

ウミガメ！

「えらいやっちゃ、えらいやっちゃ、よい、よい、よい、よい」といえば？

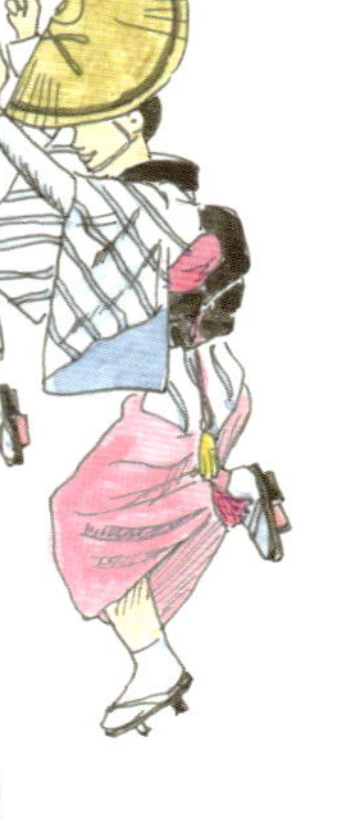

アワオドリ！

瀬戸内海にある大きな2かいだての橋は？　上が車、下が電車用だよ。

セトオオハシ！

先生と12人のこどもがむかえてくれる、オリーブの木が多いこの島は？

ショウドシマ！

けわしい山だね。高さ1982メートル。西日本でいちばん高い山は？

イシヅチサン！

むかし、讃岐の国とよばれたところ。讃岐といえば思いつく食べものは？

サヌキウドン！

太平洋につきだした岬の名まえ、知ってる？ ジオパークがあるよ。

ムロトミサキ！

瀬戸内しまなみ海道の出入り口・今治の特産は？ お風呂でつかうよ。

タオル！

網じゃなく、つり竿で1匹ずつカツオをつりあげているよ。なんだ？

イッポンヅリ！

マッピーの目で見る

四国地方

まえのページとおなじ絵をさがしてね

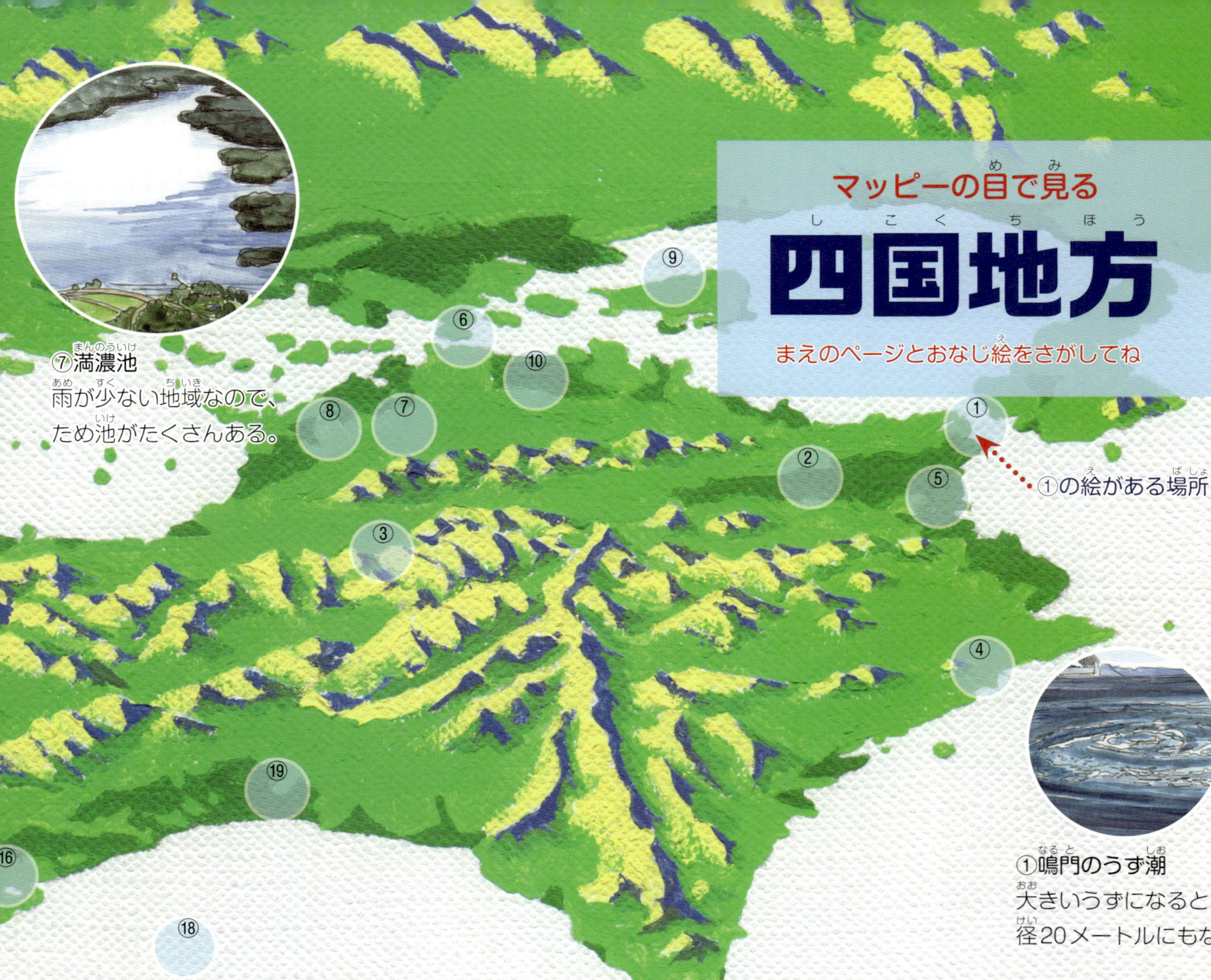

⑦満濃池
雨が少ない地域なので、ため池がたくさんある。

①鳴門のうず潮
大きいうずになると、直径20メートルにもなる。

②四国三郎・吉野川
吉野川は「四国三郎」と、男子の名まえでよばれている。

③祖谷のかずら橋
ゆらゆらゆれるつり橋をわたってみよう。スリル満点。

④ウミガメの産卵
毎年、夏になると、卵をうみに砂浜にあがってくる。

⑤阿波おどり
阿波おどりの「阿波」は、むかしの地名。

⑥瀬戸大橋
香川と岡山をつなぐ、車と電車専用の橋。

⑧旧金毘羅大芝居・金丸座
芝居小屋のなかは、江戸時代そのもののふんいきだ。

⑨小豆島
作家・壺井栄のふるさと。「二十四の瞳」は映画にもなった。

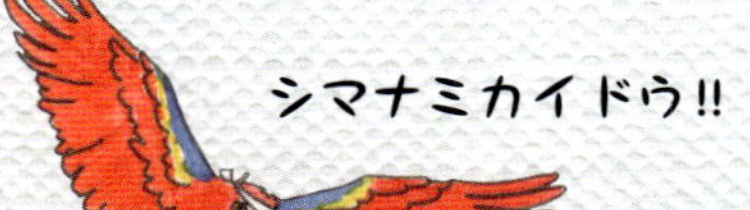

シマナミカイドウ!!

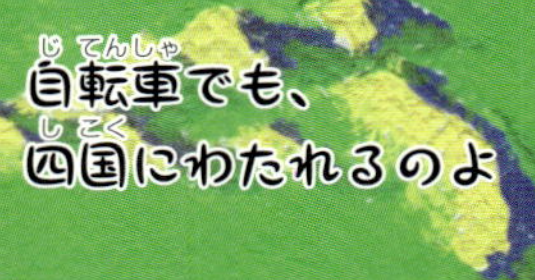

自転車でも、
四国にわたれるのよ

⑯アンパンマン列車
四国を走る、アンパンマンなどがえがかれた列車だ。

⑩讃岐うどん
小麦は讃岐平野の気候にあった作物。うどんの材料だ。

⑰室戸岬
大むかし、大地がもりあがってできた岬。自然の力ってすごい。

⑬今治タオル
タオルの原料は、もめん糸。綿花という植物からとれる。

⑱カツオの一本づり
カツオ漁でさかえた港町が、高知県内には数多くある。

⑪瀬戸内しまなみ海道
愛媛と広島をつなぐ橋。自転車でもわたれる海の道。

⑲高知龍馬空港
坂本龍馬という人、知ってる？

⑳四万十川
自然ゆたかなすがたをのこす、四国でもっとも長い川。

⑮石鎚山
四国にはけわしい山が多いよ。のぼるの、たいへんそう。

⑭愛媛ミカン
八幡浜など海岸線にそった傾斜地は、おいしいみかんの産地として有名。

⑫坊ちゃん列車
松山市は、夏目漱石の小説「坊ちゃん」の舞台だ。

四国

あんなところ こんなもの

日本の南に位置する四国地方のなかまは、徳島県、香川県、愛媛県、高知県の4つだ。さくらが調べた四国地方のとくちょうを地図の番号とてらしあわせながら、いっしょに見てみよう。

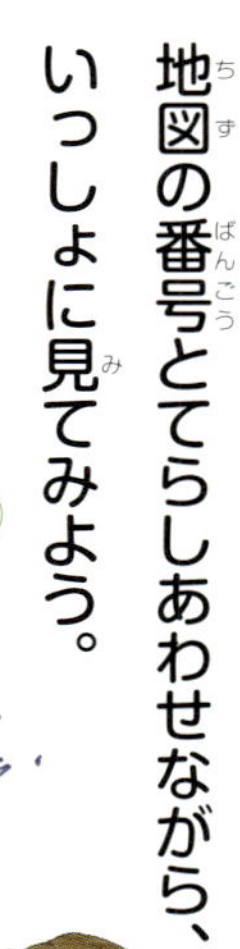

①鳴門のうず潮 徳島県・鳴門海峡

潮のみちひきによる、瀬戸内海と紀伊水道の海のながれのはやさの差が、うずをつくりだす。

②四国三郎・吉野川 徳島県

川から、のみ水や田んぼの水をとりいれる。河口近くには干潟がひろがり、生きものがいっぱい。

③祖谷のかずら橋 徳島県

平家の落人伝説がつたえられる山ぶかい村に、かずらのつるでつくったつり橋がかけられている。

④ウミガメの産卵 徳島県

大浜海岸では、ウミガメの保護にとりくんでいる。卵がかえると、砂浜はカメの赤ちゃんでいっぱい。

⑤阿波おどり 徳島県

阿波はいまの徳島県だ。阿波おどりは盆おどりのひとつ。連というグループで、おどり歩く。

⑥瀬戸大橋 香川県

全長は、9368メートル。瀬戸内海をまたいで、毎日、橋をわたって学校に通う人もいるよ。

⑦満濃池 香川県

日本最大のため池。雨をためて、水不足にそなえた。平安時代に空海がつくったといわれる。

⑧旧金毘羅大芝居・金丸座　香川県
琴平町には江戸時代にたてられた古い芝居小屋がのこされていて、いまも歌舞伎が上演される。

⑨小豆島　香川県・小豆島
「二十四の瞳」とは、12人のこどもたちのこと。島の分教場（小さな学校）のお話だ。

⑩讃岐うどん　香川県
うどんは小麦粉からつくる。讃岐平野は雨が少なく、米だけでなく小麦づくりもさかんだ。

⑪瀬戸内しまなみ海道　愛媛県
全長59・4キロメートルの自動車専用道路。橋には自転車道もあり、歩いても自転車でもわたれる。

⑫坊ちゃん列車　愛媛県
夏目漱石は松山で学校の先生だった。町なかを汽車のかたちをした「坊ちゃん列車」が走る。

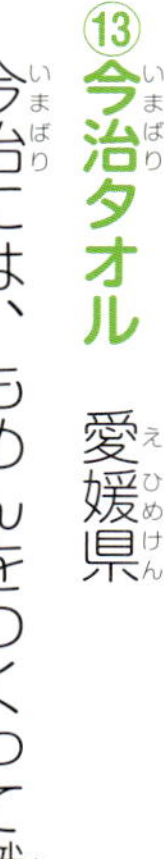

⑬今治タオル　愛媛県
今治には、もめんをつくって織る歴史があった。そこへタオル織機が登場し、大きく発展した。

⑭愛媛ミカン　愛媛県
八幡浜では、斜面の石垣が太陽の熱をたくわえ、ミカンの成長をたすけている。

⑮石鎚山　愛媛県
岩のかべを、くさりでのぼる場所もある。冬には雪がつもるので、近くにはスキー場もある。

⑯アンパンマン列車　高知県
「アンパンマン」の作者やなせたかしさんは、高知県の出身。地元では、アンパンマン列車が走る。

⑰室戸岬　高知県
自然のつくりだした、めずらしい植物、風景がひろがる。室戸ユネスコ世界ジオパークがある。

⑱カツオの一本づり　高知県・土佐湾
高知県は、むかしからカツオ漁がさかん。魚は黒潮というあたたかい海のながれにのってやってくる。

⑲高知龍馬空港　高知県
坂本龍馬は高知出身の武士で、幕末に活やくした。空港に人の名まえがつくのは日本ではじめて。

⑳四万十川　高知県
増水時には川にしずむようにつくられた、手すりのない橋が「沈下橋」。いまも利用されている。

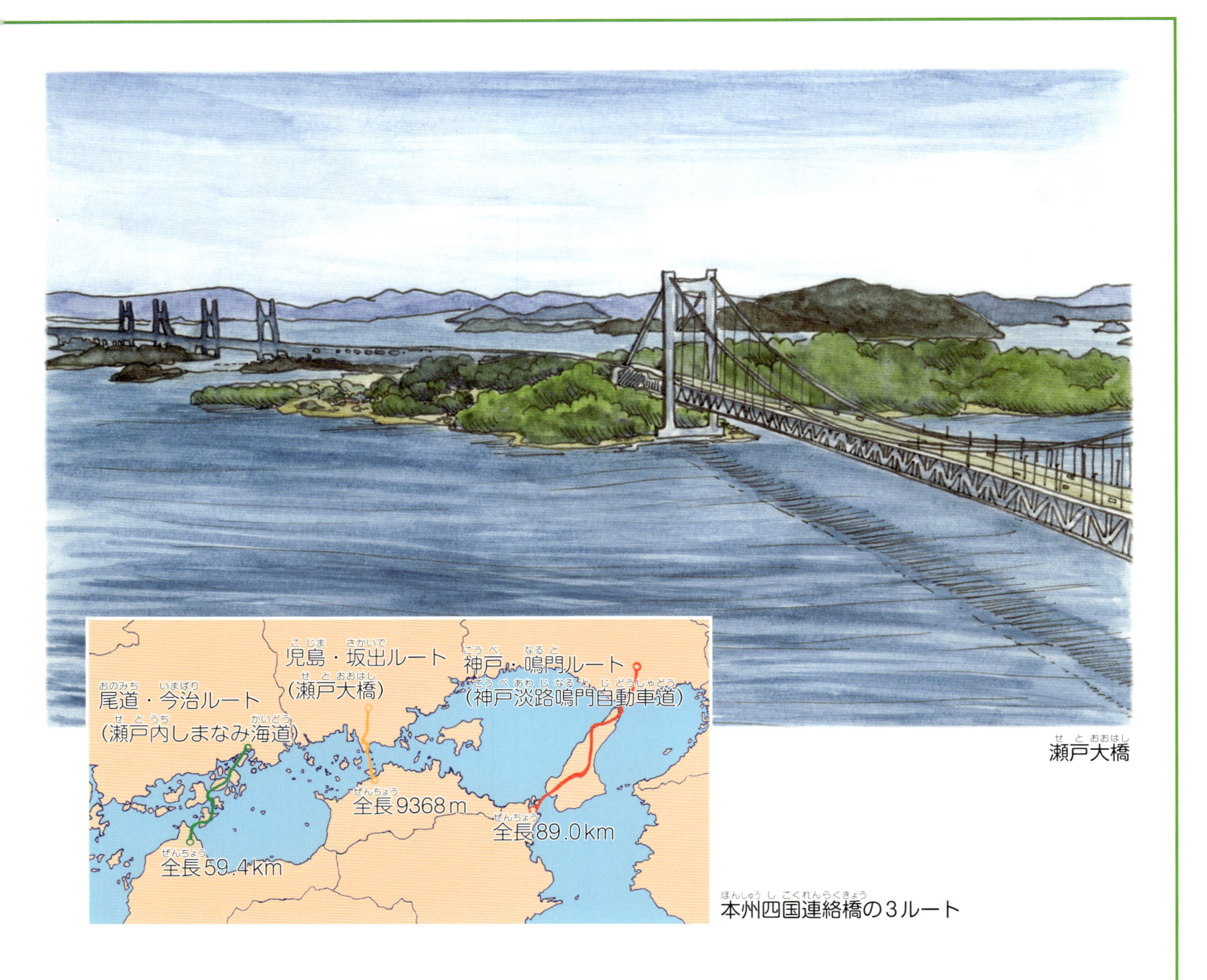

瀬戸大橋

本州四国連絡橋の3ルート

本州四国連絡橋

本州と四国は、3つのルート（道）でつながっている。ひとつめは、神戸・鳴門ルート。兵庫県神戸市から明石海峡大橋、大鳴門橋をわたり、徳島県につながる。ふたつめは、児島・坂出ルート。岡山県倉敷市から瀬戸大橋を通り、香川県につながる。瀬戸大橋は、自動車の道路と鉄道の線路が2階だてになっている。3つめは、尾道・今治ルート。広島県尾道市から多くの島々を通って、愛媛県につながる。このルートは、「瀬戸内しまなみ海道」といわれる。どのルートも瀬戸内海にかかる大きな橋を通るため、けしきがよく、瀬戸内海の島々が見わたせる。

これらのルートができるまえ、本州と四国は船でむすばれていた。だから、いまよりずっと時間がかかった。

いまでは、四国でとれる野菜やくだもの、魚、工場でつくられる製品などが、このルートを通って、みんなのもとにとどけられる。

中国地方

地図で色のこいところが中国地方。
中国地方は日本の西のほうにあり、
北がわと南がわとでは、気候や文化が大きくちがう。
日本海にめんした地域は「山陰」とよばれ、冬には雪が多い。
古くから大陸との交流があり、出雲大社をはじめ、神社や遺跡がたくさんある。
瀬戸内海にめんした地域は「山陽」とか「瀬戸内」とよばれ、
一年じゅう雨が少なく、むかしからため池を利用して農業がおこなわれてきた。
いまでは、鉄鋼業や石油化学工業、自動車工業をはじめ、さまざまな工業もさかんだ。

「ねえマッピー、これ知ってる？」

▼中国地方

さくらが「中国地方」について、マッピーにクイズをだしているよ。
あなたも、絵とマッピーの答えをよく見て、つぎのページをめくってみよう。
「マッピーの目」からながめた中国地方に、クイズとおなじ絵があるよ。
どこにあるか、さがしてみよう。見つけられるかな？

日本海の海岸にひろがる、大きな砂場。ラクダもいる！　ここはどこ？

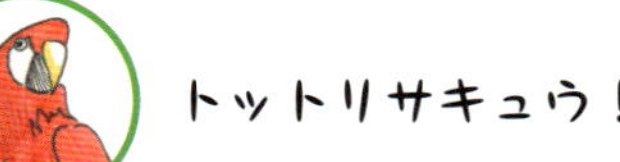

トットリサキュウ！

カニの水あげ日本一！　この港は？
日本海が目のまえ、港町よ。

サカイコウ！

シジミ漁で有名な湖だよ。どこだ？

シンジコ！

「因幡の白ウサギ」のお話にでてくる、ウサギをたすけた神さま、だれだ？

オオクニヌシノミコト！

桃太郎のお話、知ってる？　川からながれてきたくだもの、なんだ？

モモ！

美しい町なみ。ここは、ジーンズや学生服の生産量が日本一。どこだ？

クラシキ！

爆弾がおとされたときのままのすがたでのこされた、この建物は？

ゲンバクドーム！

広島湾では、海にイカダがうかんでるよ。なにをそだてているか？

カキ！

木でできた、美しいアーチ形の橋が5つつながっている。なにかしら？

キンタイキョウ！

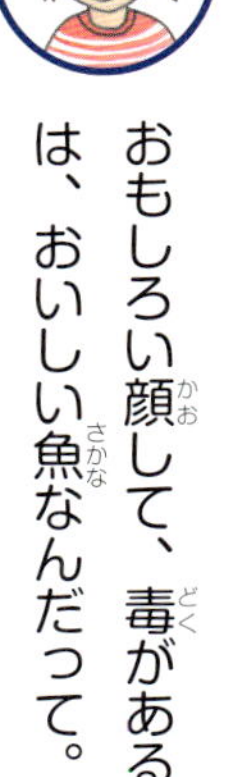

おもしろい顔して、毒がある。じつは、おいしい魚なんだって。

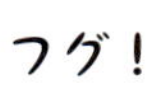

フグ！

マッピーの目で見る

中国地方

まえのページとおなじ絵をさがしてね

⑦隠岐国賀海岸

東西約7キロメートルにわたる、断崖、絶壁、どうくつ。はくりょく！

⑥出雲大社

日本をつくったとされる神さま・大国主命がまつられている。

①鳥取砂丘

砂丘は、風がはこんだ砂がたまって丘になった地形。

⑧石見銀山遺跡

1526年に発見され、約400年間も採掘された鉱山。

日本海がわと瀬戸内海がわでは、気候がちがうの

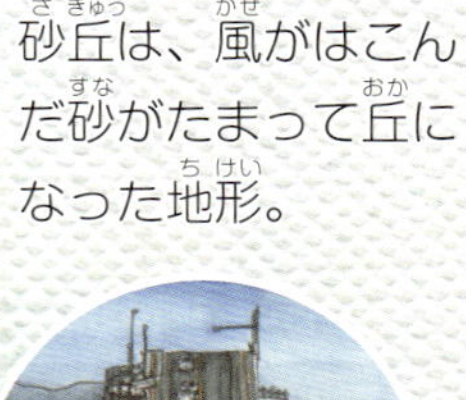

②江島大橋

まるで、ジェットコースターみたいな坂道！

⑤宍道湖

日本でとれるシジミのほとんどは、ヤマトシジミだ。

⑨白桃

モモは、岡山県の代表的なくだものだ。

③大山

中国地方ではいちばん高い、1729メートルの山。

⑩倉敷美観地区

日本で最初にジーンズを生産したところでもある。

④境港

ゆたかな日本海の幸が1年をつうじて水あげされる港。

⑭原爆ドーム
原子爆弾のおそろしさをつたえ、平和をねがう建物。

⑬竹原の町家
江戸時代のふんいきがいまものこる地域だ。

⑫唐子おどり
あざやかな衣装をきた男の子ふたりがおどっている。

⑪蒜山高原
標高500メートルの高原で、牛がのんびり草を食べている。

⑮カキの養殖
広島湾は波がおだやかで、カキの養殖にてきしている。

⑲秋芳洞
雨水などが、地中の石灰岩をとかしてできたどうくつ。

⑱松下村塾
吉田松陰という先生が、多くの優秀な人をそだてた塾。

⑰錦帯橋
全長193.3メートル、5連アーチの木造の橋。にじみたい！

⑯安芸の宮島
宮島は、大むかしから「神の島」とよばれていた。

⑳下関のフグ
地元以外からも、フグが下関にたくさんあつまってくる。

中国　あんなところ　こんなもの

中国地方のなかまは、鳥取県、島根県、岡山県、広島県、山口県の5つだ。日本海にめんした地域は「山陰」、瀬戸内海にめんした地域は「山陽」または「瀬戸内」とよばれている。

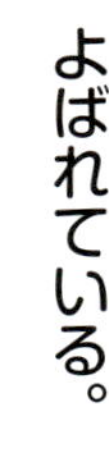

さくらが調べた中国地方のとくちょうを、地図の番号とてらしあわせながら、いっしょに見てみよう。

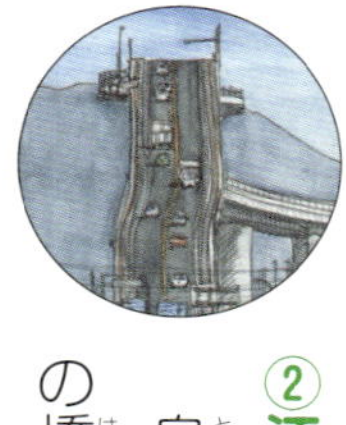

①鳥取砂丘　鳥取県
東西16キロメートル、南北2キロメートル。ラクダにのって砂丘を遊覧できる。

②江島大橋　鳥取県
鳥取県と島根県をまたぐ、長さ1704メートルの橋。橋の上からは、遠く大山も見える。

③大山　鳥取県
見る場所や季節、時間によって、ながめがかわる。北西がわのすがたから「伯耆富士」ともいう。

④境港　鳥取県
境港といえばカニ。市内にはたくさんの料理店や直売所があり、新鮮なカニ料理を味わえる。

⑤宍道湖　島根県
海とつながっていて、少し塩分がまざっている宍道湖は、「汽水湖」とよばれるめずらしい湖だ。

⑥出雲大社　島根県
大国主命は、『古事記』『日本書紀』などむかしの日本神話でつたえられた神さまだ。

⑦隠岐国賀海岸　島根県・西ノ島
岩の橋のように見える部分は「通天橋」。はげしい波と海水が大きな岩石をえぐってつくった。

⑧石見銀山遺跡　島根県

かつて、日本は世界の銀の約3分の1を生産した。そのほとんどが石見銀山のものだった。世界遺産だ。

⑨白桃　岡山県

岡山県は、むかし話「桃太郎」の舞台。ポストやマンホールなど、町じゅうが桃太郎でいっぱい。

⑩倉敷美観地区　岡山県

明治時代から「繊維の町」として知られた倉敷市は、倉敷川ぞいの蔵屋敷のたたずまいが美しい。

⑪蒜山高原　岡山県

ジャージー牛の放牧がおこなわれ、脂肪が多くコクのある乳で、乳製品が生産されている。

⑫唐子おどり　岡山県

牛窓地区につたわる伝統芸能。江戸時代に朝鮮からきた使節団の影響をうけている。

⑬竹原の町家　広島県

瀬戸内海沿岸の竹原市は、「町家」とよばれるむかしながらの古い家が数多くのこる地域だ。

⑭原爆ドーム　広島県

1ぱつの原子爆弾がいっしゅんで町をやき、数えきれないほどの人たちがなくなった。

⑮カキの養殖　広島県・広島湾

カキは広島県のシンボルだ。全国の生産量の約60パーセントが広島産でしめられている。

⑯安芸の宮島　広島県・宮島

島には、平清盛という武将が海の上にたてた厳島神社がある。原爆ドームとともに世界遺産。

⑰錦帯橋　山口県

5連アーチのまんなか3つは橋げたもなく、宙にういてるよう。複雑な木組みの技が美しい。

⑱松下村塾　山口県

伊藤博文をはじめ、日本が大きくかわる時代に活やくした人の多くが、吉田松陰から学んだ。

⑲秋芳洞　山口県

日本最大の石灰岩台地・秋吉台。その地下には、自然のつくるふしぎな光景がひろがっている。

⑳下関のフグ　山口県

下関は、フグ料理の本場。フグの内臓には猛毒があるが、加工処理する専門の工場も多数ある。

山口県の産業遺産

日本には文化遺産が16、自然遺産が4、あわせて20件の「世界遺産」がある（2016年7月現在）。世界遺産とは、過去から現在にひきつがれ、そして未来へつたえていかなければならない遺跡や建物、自然の風景などの「人類の宝もの」のことだ。

19番めの「世界遺産」は、2015年の「明治日本の産業革命遺産」だ。これは8つの県にある23か所をまとめた、近代日本の産業のすがたをつたえる遺物や遺跡群のこと。

山口県萩市では、23か所のうち萩反射炉、恵美須ヶ鼻造船所跡、大板山たたら製鉄遺跡、萩城下町、松下村塾の5か所がえらばれた。

日本は、幕末からわずか半世紀のあいだに製鉄・鉄鋼、造船、石炭産業において、急速に産業化した。萩反射炉は、製鉄・鉄鋼業にかんする遺跡で、鉄の大砲をつくるのに必要とされた金属溶解炉。反射炉がいまものこっているのは静岡県と山口県の2か所だけだ。

近畿地方

地図で色のこいところが近畿地方。

太平洋と瀬戸内海、日本海にめんしていて、

「天下の台所」とよばれる大阪や、古い都の奈良や京都がある。

歴史が古く、古墳やお寺、仏像が多くのこる地方だ。

「おおきに」（ありがとう）、「おいでやす」（いらっしゃいませ）など、ことばも楽しい。

タコ焼き、はも料理、お寺でうまれた精進料理、京都からひろがったかっぽう料理など、
おいしい食べものもいっぱいだ。

近畿ににている範囲で、関西というよびかたもある。

「ねぇマッピー、これ知ってる？」

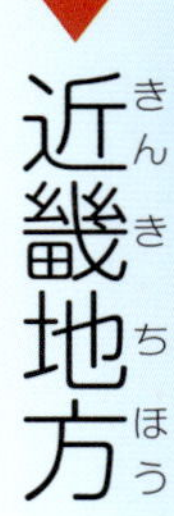

近畿地方

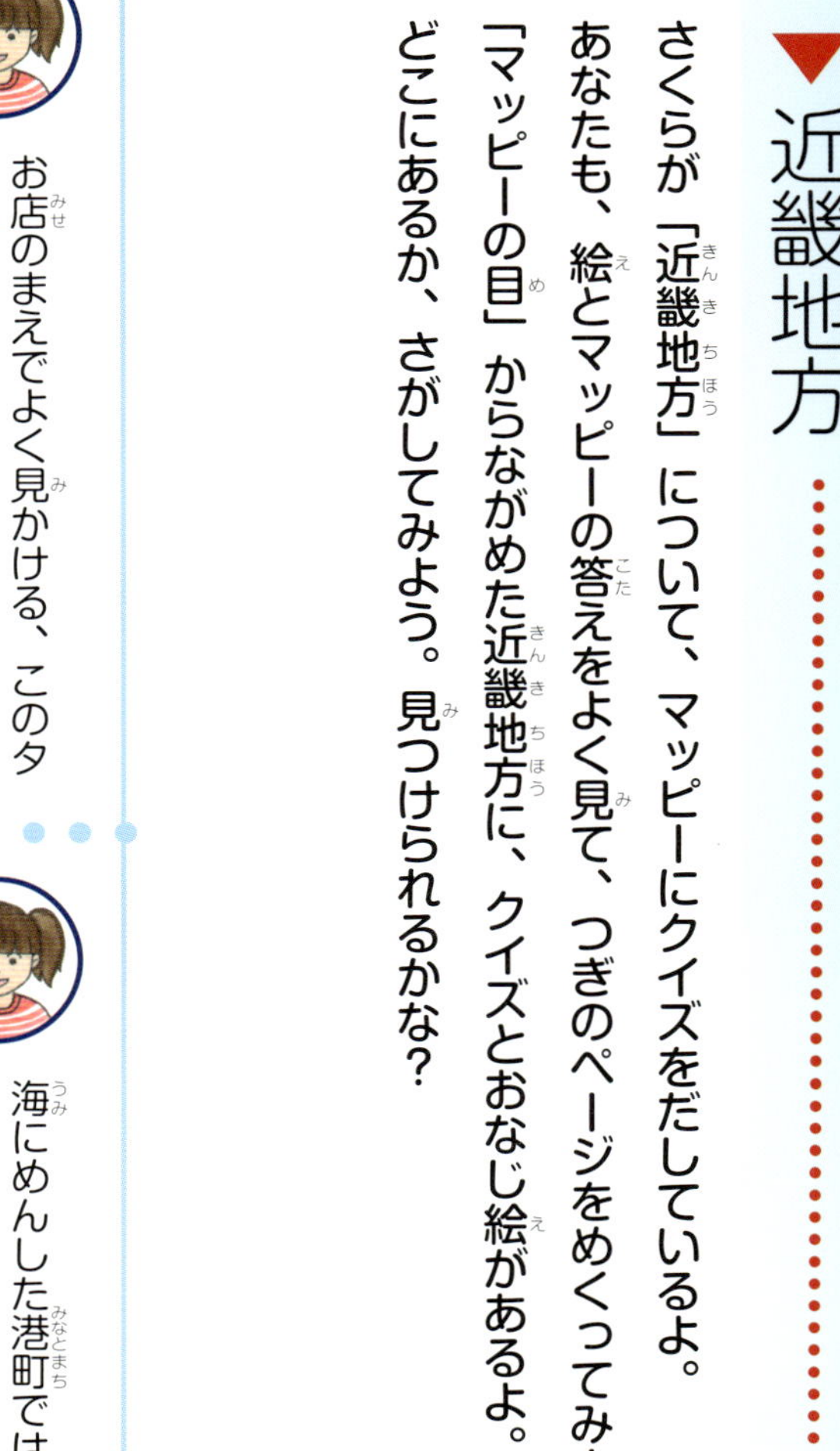

さくらが「近畿地方」について、マッピーにクイズをだしているよ。
あなたも、絵とマッピーの答えをよく見て、つぎのページをめくってみよう。
「マッピーの目」からながめた近畿地方に、クイズとおなじ絵があるよ。
どこにあるか、さがしてみよう。見つけられるかな？

伊賀という里にすんでいたむかしのスパイのことを、なんていうかな？

ニンジャ！

お店のまえでよく見かける、このタヌキのおきもの、なんていう？

シガラキヤキ ／ タヌキ！

海にめんした港町では、家に舟をしまうガレージがあるよ。なんだ？

フナヤ！

大阪うまれの、まんまるの食べものといえば、これ！ なんだ？

タコヤキ！

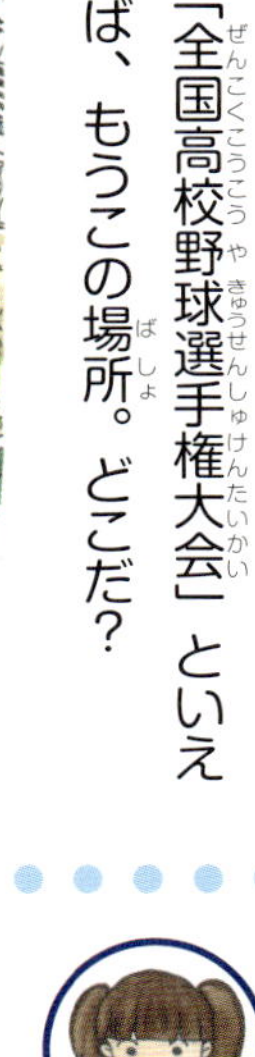

水のある堀にかこまれた、カギあなのかたちをした緑色のあれはなに？

コフン！

奈良公園にたくさんいる野生の動物。な〜んだ？

シカ！

「全国高校野球選手権大会」といえば、もうこの場所。どこだ？

コウシエン！

こけや森林のことを研究した、和歌山の世界的な学者、だれだ？

ミナカタクマグス！

その白さから白鷺城ともよばれている、この美しいお城の名まえは？

ヒメジジョウ！

これは慰霊碑。船の遭難が友好関係のはじまりとなった国はどこだ？

トルコ！

マッピーの目で見る
近畿地方

まえのページとおなじ絵をさがしてね

⑧天橋立
海にできた松の小道。かたちが、天にかかる橋のように見えるかな？

①コンビナート
化学工業や造船業がさかん。工場や煙突がたくさん！

⑤信楽焼のタヌキ
タヌキは、「他をぬく」といって、商売の縁起もの。

②忍者の里
外国人の観光客に人気がある。カッコいいもんね。

⑨万博記念公園
1970年に日本万国博覧会が開かれた場所。

⑥舞妓さん
着物すがたのきれいなおねえさんたちが歩いている！

③真珠
日本ではじめて真珠の養殖に成功したところ。

⑩タコ焼き
大阪の人なら、どの家にもタコ焼き器がある？

⑦伊根町の舟屋
伊根湾という5キロメートルほどの浜辺にそって約230軒ある、伝統的な建物。

④琵琶湖
日本一ひろい湖。大阪の人ののみ水は、ここからとる。

⑬子午線のまち
日本の時間の基準となる、「子午線のまち」。

⑫阪神甲子園球場
高校野球といえば、甲子園。高校球児あこがれの場所。

⑪大仙古墳
仁徳天皇陵ともよばれる、むかしの天皇のお墓。

⑮奈良公園のシカ
人になれているので、近よってくる。

⑭姫路城
屋根がいくつも重なっていて、とてもきれい。

⑱南方熊楠
歩く百科事典みたいに、もの知りな人。記念館がある。

⑰吉野山のサクラ
すごい！ サクラで山全体がうめくされている。

⑯高松塚古墳
石のかべに、きれいな服装の女性がえがかれている。

⑲海中ポスト
ポストが海のなかにある。手紙はちゃんと全国にとどく。

⑳エルトゥールル号
トルコの軍艦が台風にあい、近くの住民たちがたすけた。

近畿（きんき）あんなところこんなもの

近畿地方のなかまは、三重県、滋賀県、京都府、大阪府、兵庫県、奈良県、和歌山県の7つだ。さくらが調べた近畿地方のとくちょうを、地図の番号とてらしあわせながら、いっしょに見てみよう。

兵庫県　京都府　滋賀県　三重県　大阪府　奈良県　和歌山県

日本の時間の基準となる
東経135度

①コンビナート　三重県
四日市市は、かつて、工場の排煙でぜんそくのひがいがでた。公害について学べる資料館がある。

②忍者の里　三重県
山ひとつはさんだ伊賀と甲賀（滋賀県）は、忍者の里だ。流派があり、両者はライバルだった。

③真珠　三重県・英虞湾
英虞湾は、波がおだやかであたたかく、真珠の養殖にてきしている。養殖にはアコヤ貝をつかう。

④琵琶湖　滋賀県
面積670平方キロメートル。日本のもっとも大きいビワコオオナマズがすんでいる。

⑤信楽焼のタヌキ　滋賀県
信楽焼は滋賀県の伝統工芸。信楽は古くから焼きものの町で、タヌキのおきものは戦後ひろまった。

⑥舞妓さん　京都府
舞妓さんは、京都の伝統的なおどりや作法を修業するわかい女の人たちのこと。

⑦伊根町の舟屋　京都府
伊根湾をとりかこむようにしてたちならぶ舟屋を、遊覧船からながめることもできる。

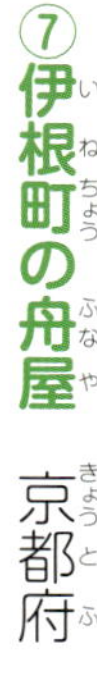

⑧天橋立　京都府

「丹後風土記」という古い記録には、神さまが天にかけたはしごが海にたおれて天橋立になったとある。

⑨万博記念公園　大阪府

公園のシンボルは「太陽の塔」。万国博覧会は、世界じゅうのいろいろなものをあつめて展示した。

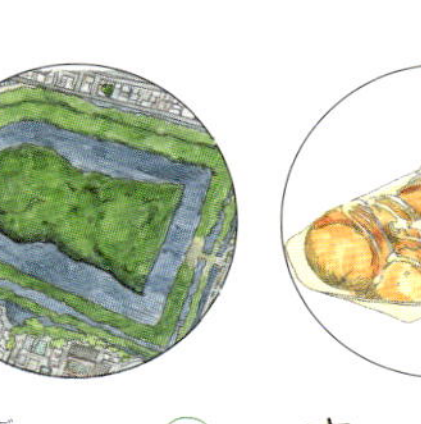

⑩タコ焼き　大阪府

むかしはコンニャクやスジ肉をいれたが、明石焼きの影響をうけてタコをいれるようになった。

⑪大仙古墳　大阪府

土と石を高くもった大きな墓が、古墳だ。堺市の大仙古墳は、日本でいちばん大きい。

⑫阪神甲子園球場　兵庫県

プロ野球や高校野球、あわせて年間約170試合ちかく使用される、古い歴史をもつ野球場だ。

⑬子午線のまち　兵庫県

明石市立天文科学館は、日本の「時」をきめる東経135度の子午線の上にたつ天文科学館だ。

⑭姫路城　兵庫県

天守閣や門、塀、石垣が、日本独自のしくみでつくられている。日本で最初の世界遺産だ。

⑮奈良公園のシカ　奈良県

神鹿とよばれる春日大社のおつかいだ。地域がまるごと世界遺産で、多くの歴史のあとがのこる。

⑯高松塚古墳　奈良県

明日香村にある、1300年まえの円形の古墳。壁画の女の人は「飛鳥美人」とよばれている。

⑰吉野山のサクラ　奈良県

吉野山には約3万本の山ザクラが植えられている。サクラの季節だけでなく、秋の紅葉もみごとだ。

⑱南方熊楠　和歌山県

和歌山県うまれの明治時代の博物学者。おもに民俗や菌類を研究した。14年間も外国で勉強した。

⑲海中ポスト　和歌山県

岸から100メートル、水深10メートルの海底にある、「世界一ふかいところにあるポスト」だ。

⑳エルトゥールル号　和歌山県

1890年、台風で船がしずみ、587人の犠牲者がでたが、住民の協力で69人が救出された。

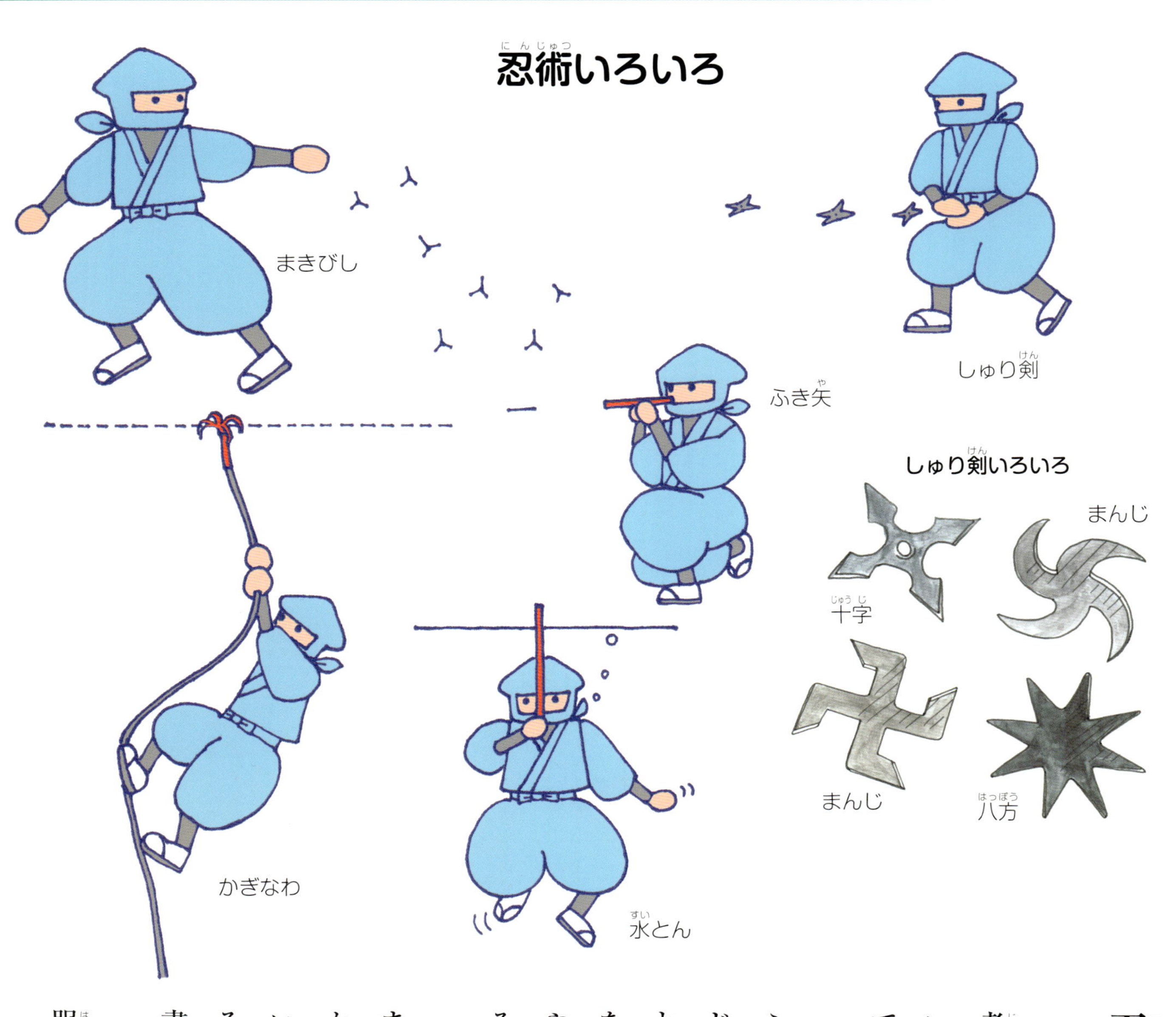

忍者のすむ里

滋賀県の甲賀市や三重県の伊賀市には、忍者のすむ里がある。そう、忍者はほんとうにいたのだ。ただし、マンガやアニメなどにでてくるイメージと本物は、だいぶちがう。

忍者は、いうならば、むかしのスパイだ。ふだん家にいるときにはふつうの武士とおなじ服装だが、敵のようすをさぐりにでかけるときは、テレビや映画にでてくるように、顔をかくした黒色の服をきる。ときには、商人や手品師、お坊さんのかっこうをしてでかけるときもある。

江戸時代につくられた甲賀忍者の屋敷がいまも甲賀市にのこっていて、忍者たちが身をかくすためのカラクリを見ることができる。いろいろな忍者体験もでき、観光客が楽しめる人気の場所だ。しゅり剣や鎖ガマ、忍法を書いた巻物もあるらしい。

そうそう、東京の「半蔵門」という地名は、服部半蔵という忍者の名まえからきている。

いざ！
日本一周

グルグル
マワルー

いろいろなのりものにのって、いってみよう！

日本ぐるぐる、のりもの旅

あなたがすんでいる場所は、日本のどのあたりかな。そこから出発して、さくらとマッピーといっしょに旅をしよう。電車や飛行機、バスに船……いろいろなのりものにのって、日本をぐるりと一周。

さあ、もとの場所にもどってこられるかな？

※自然災害や観光時期などによって運休となっている場合があります。

【北海道地方】

56ページ、南西諸島の地図から

【沖縄から北海道へ】

那覇空港（沖縄県）
←飛行機
新千歳空港（北海道）
←快速「エアポート」
札幌
←特急「旭山動物園号」
旭川
←特急「スーパー宗谷」
稚内（日本最北端の駅）
←特急「サロベツ」
旭川
←特急「オホーツク」
網走
←トロッコ列車「くしろ湿原ノロッコ」
釧路
←快速「ノサップ」
根室
←快速「はなさき」
釧路
←特急「スーパーおおぞら」
南千歳
←特急「スーパー北斗」
新函館北斗
←北海道新幹線「はやぶさ」

50ページ、東北地方の地図へ

【東北地方】

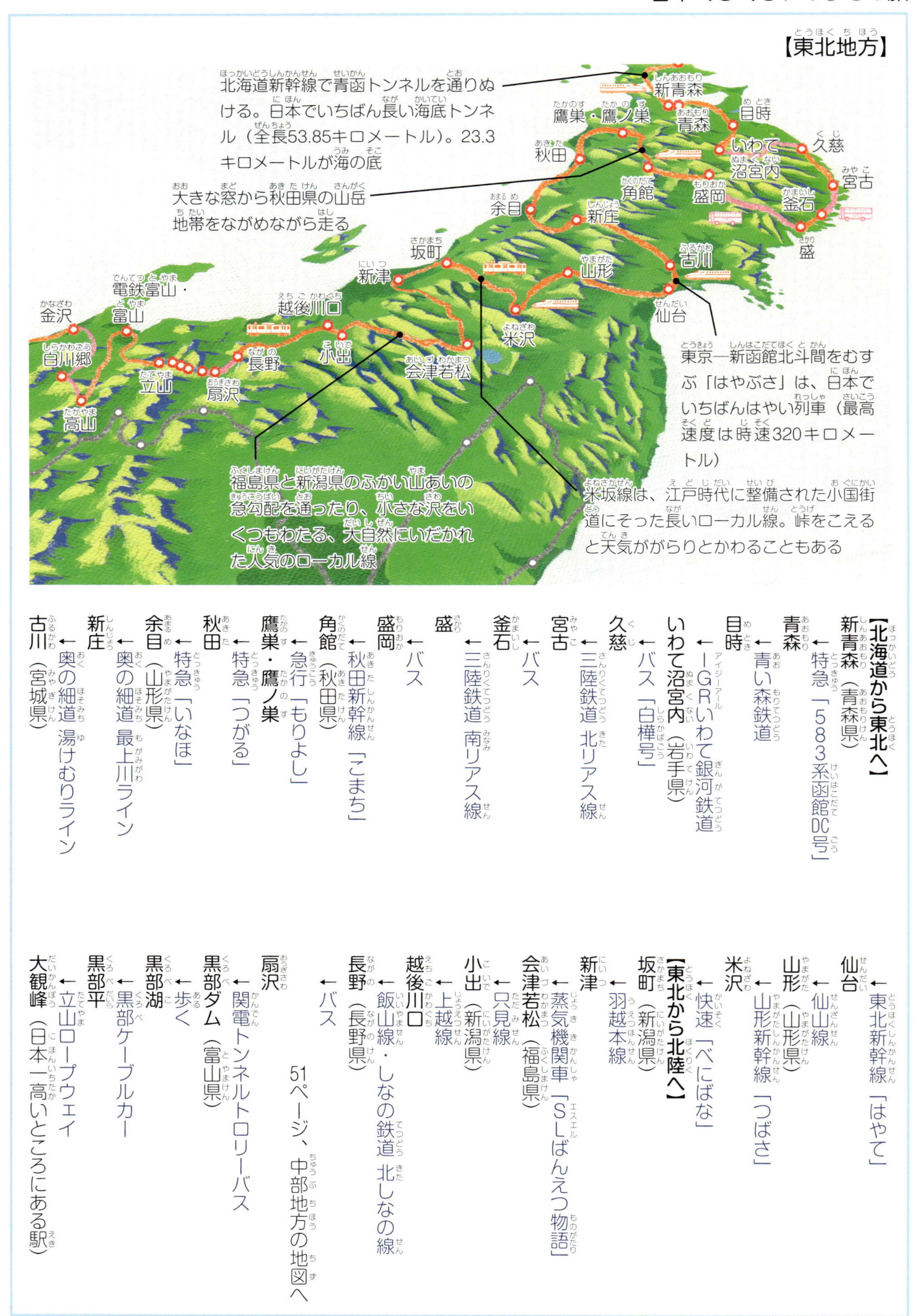

【北海道から東北へ】
新青森（青森県）
←特急「583系函館DC号」
青森
←青い森鉄道
目時
←IGRいわて銀河鉄道
いわて沼宮内（岩手県）
←バス「白樺号」
久慈
←三陸鉄道 北リアス線
宮古
←バス
釜石
←三陸鉄道 南リアス線
盛
←バス
盛岡
←秋田新幹線「こまち」
角館（秋田県）
←急行「もりよし」
鷹巣・鷹ノ巣
←特急「つがる」
秋田
←特急「いなほ」
余目（山形県）
←奥の細道 最上川ライン
新庄
←奥の細道 湯けむりライン
古川（宮城県）
←東北新幹線「はやて」
仙台
←仙山線
山形（山形県）
←山形新幹線「つばさ」
米沢
←快速「べにばな」

【東北から北陸へ】
坂町（新潟県）
←羽越本線
新津
←蒸気機関車「SLばんえつ物語」
会津若松（福島県）
←只見線
小出（新潟県）
←上越線
越後川口
←飯山線・しなの鉄道 北しなの線
長野（長野県）
←バス

51ページ、中部地方の地図へ

扇沢
←関電トンネルトロリーバス
黒部ダム（富山県）
←歩く
黒部湖
←黒部ケーブルカー
黒部平
←立山ロープウェイ
大観峰（日本一高いところにある駅）

←立山トロリーバス
室堂
←立山高原バス
美女平
←立山ケーブルカー
立山
←富山地方鉄道 立山線
電鉄富山・富山
←特急「ひだ」
高山（岐阜県）
←バス
白川郷
←バス

【北陸から中部へ】
金沢（石川県）
←特急「しらさぎ」
岐阜（岐阜県）
←特急「ひだ」
美濃太田
←太多線
多治見
←特急「しなの」
塩尻（長野県）
←特急「スーパーあずさ」
小淵沢（山梨県）
←小海線

【中部から関東へ】
佐久平（長野県）
←北陸新幹線「あさま」
52ページ、関東地方の地図へ

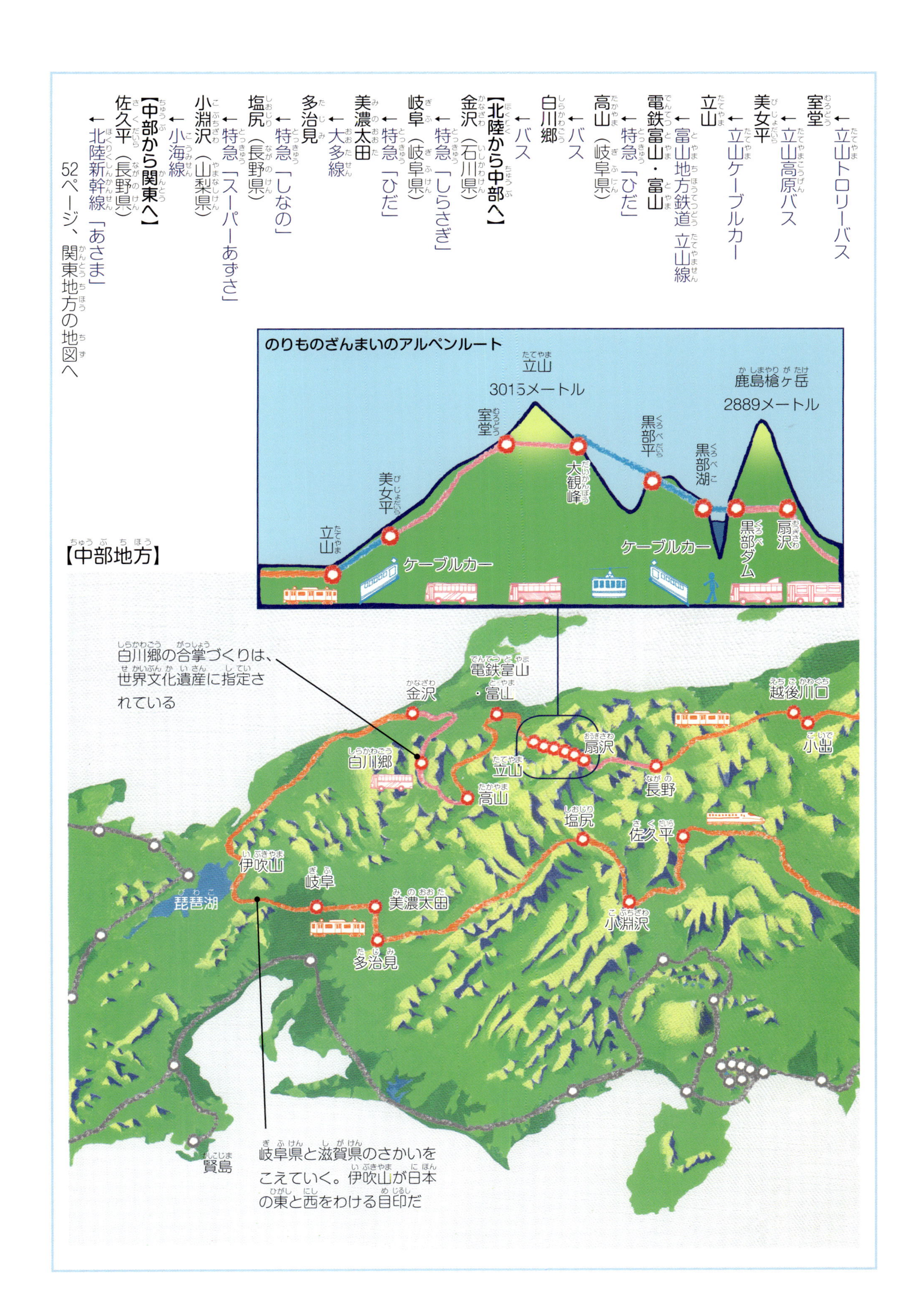

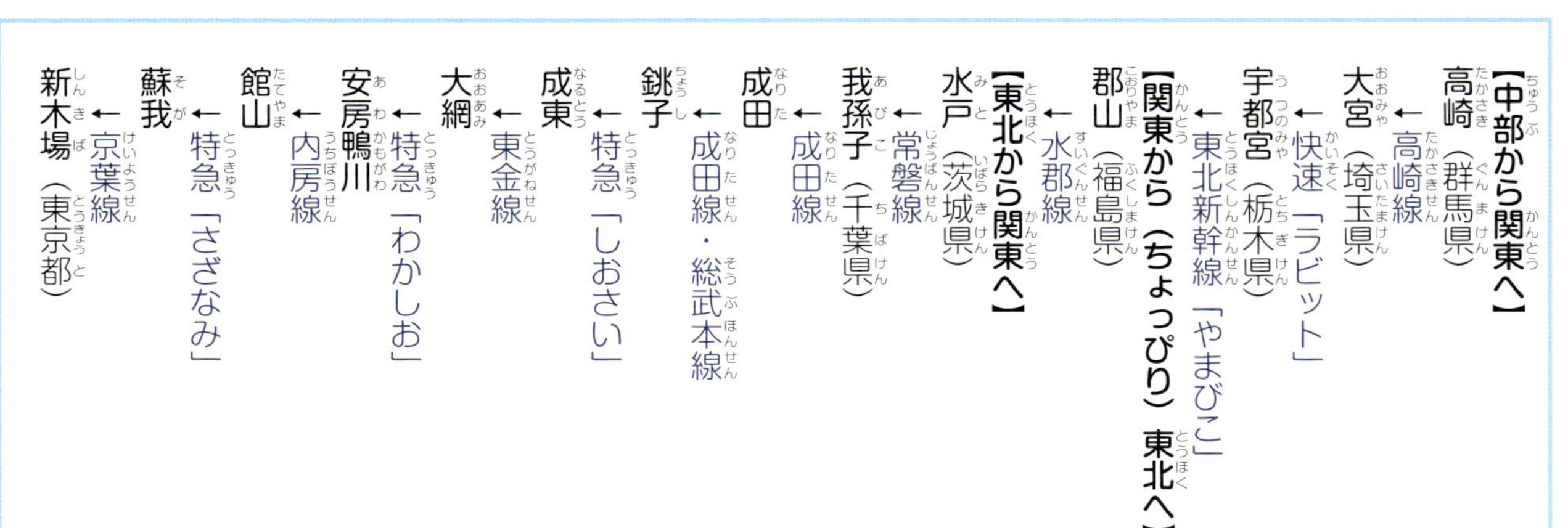

【中部から関東へ】
高崎（群馬県）
←高崎線
大宮（埼玉県）
←快速「ラビット」
宇都宮（栃木県）
←東北新幹線「やまびこ」
【関東から（ちょっぴり）東北へ】
郡山（福島県）
←水郡線
水戸（茨城県）
【東北から関東へ】
←常磐線
我孫子（千葉県）
←成田線
成田
←成田線・総武本線
銚子
←特急「しおさい」
成東
←東金線
大網
←特急「わかしお」
安房鴨川
←内房線
館山
←特急「さざなみ」
蘇我
←京葉線
新木場（東京都）

「ゆりかもめ」は、運転手や車掌がいなくても自動で動く

【関東地方】

豊洲←地下鉄 有楽町線
新橋←新交通システム「ゆりかもめ」
東京←山手線
←東海道本線・横須賀線
【関東から中部・近畿へ】
鎌倉（神奈川県）
路面電車 江ノ島電鉄
藤沢
←快速「アクティー」
小田原
←箱根登山鉄道
箱根湯本
←箱根登山鉄道
強羅
←箱根登山ケーブルカー
早雲山
←箱根ロープウェイ
大涌谷
←箱根ロープウェイ
桃源台・桃源台港
←箱根海賊船
箱根町港・箱根町
←箱根登山バス
箱根湯本
←小田急 特急「はこね」
小田原
←東海道本線

沼津（静岡県）
←御殿場線
御殿場
←バス
富士山駅（山梨県）
←バス
甲府
←特急「ふじかわ」
静岡（静岡県）
←東海道新幹線「こだま」
名古屋・近鉄名古屋（愛知県）
←近鉄特急「しまかぜ」

下の図、近畿地方の地図へ

【中部から近畿へ】
賢島（三重県）
←近鉄特急「伊勢志摩ライナー」
松阪
←特急「南紀」
紀伊勝浦（和歌山県）
←特急「くろしお」
天王寺（大阪府）
←大和路線
奈良（奈良県）
←奈良線
京都（京都府）
←特急「サンダーバード」
近江今津（滋賀県）
←バス
小浜（福井県）
←小浜線
東舞鶴（京都府）
←舞鶴線
福知山
←特急「こうのとり」
新大阪（大阪府）
←山陽新幹線「のぞみ」
姫路（兵庫県）
←特急「はまかぜ」
和田山
←山陰本線

【近畿から中国へ】
鳥取（鳥取県）
←特急「スーパーいなば」
智頭
←因美線
津山（岡山県）
←快速「ことぶき」
岡山
←快速「マリンライナー」

54ページ、中国・四国地方の地図へ

【近畿地方】

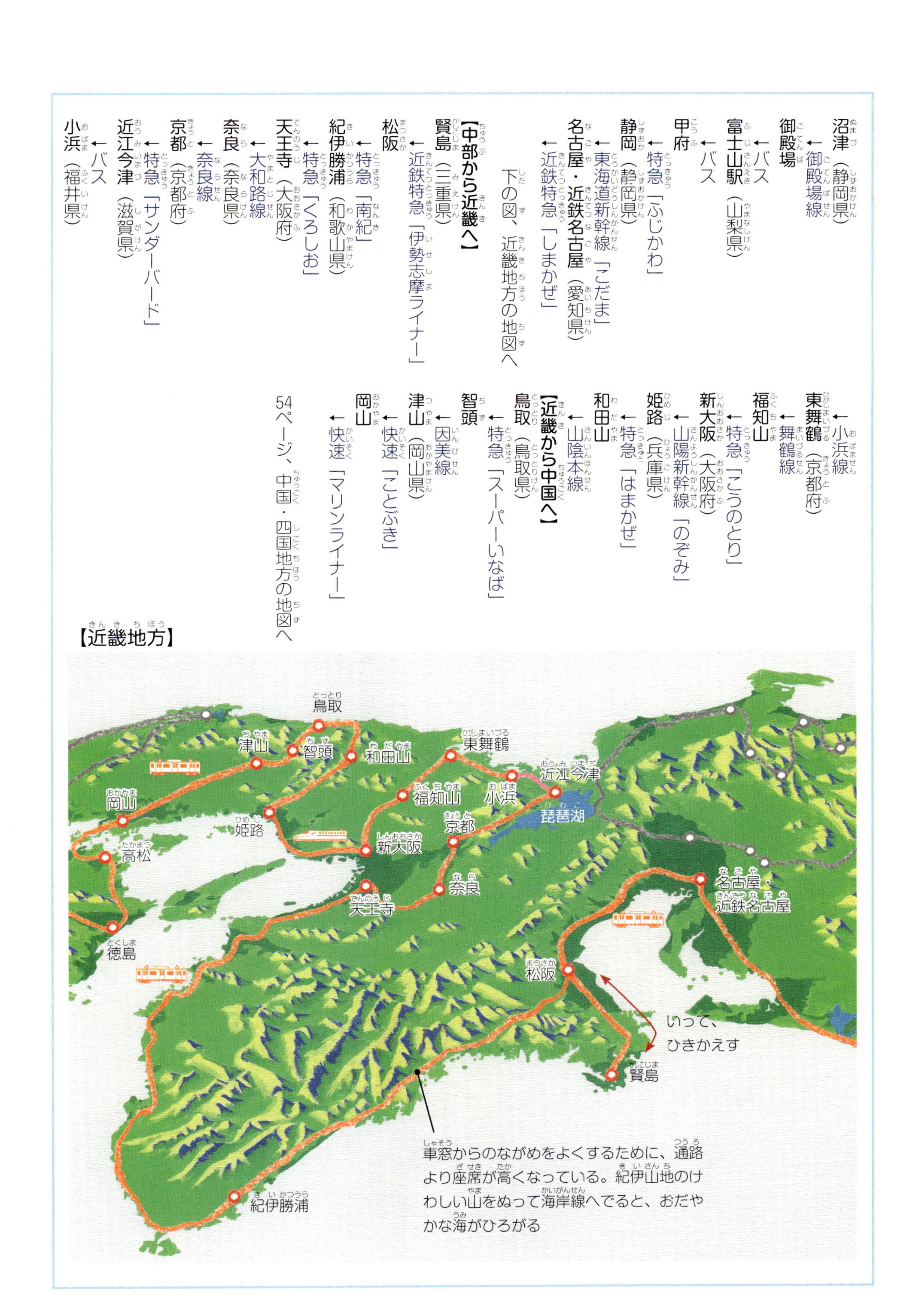

【中国・四国地方】

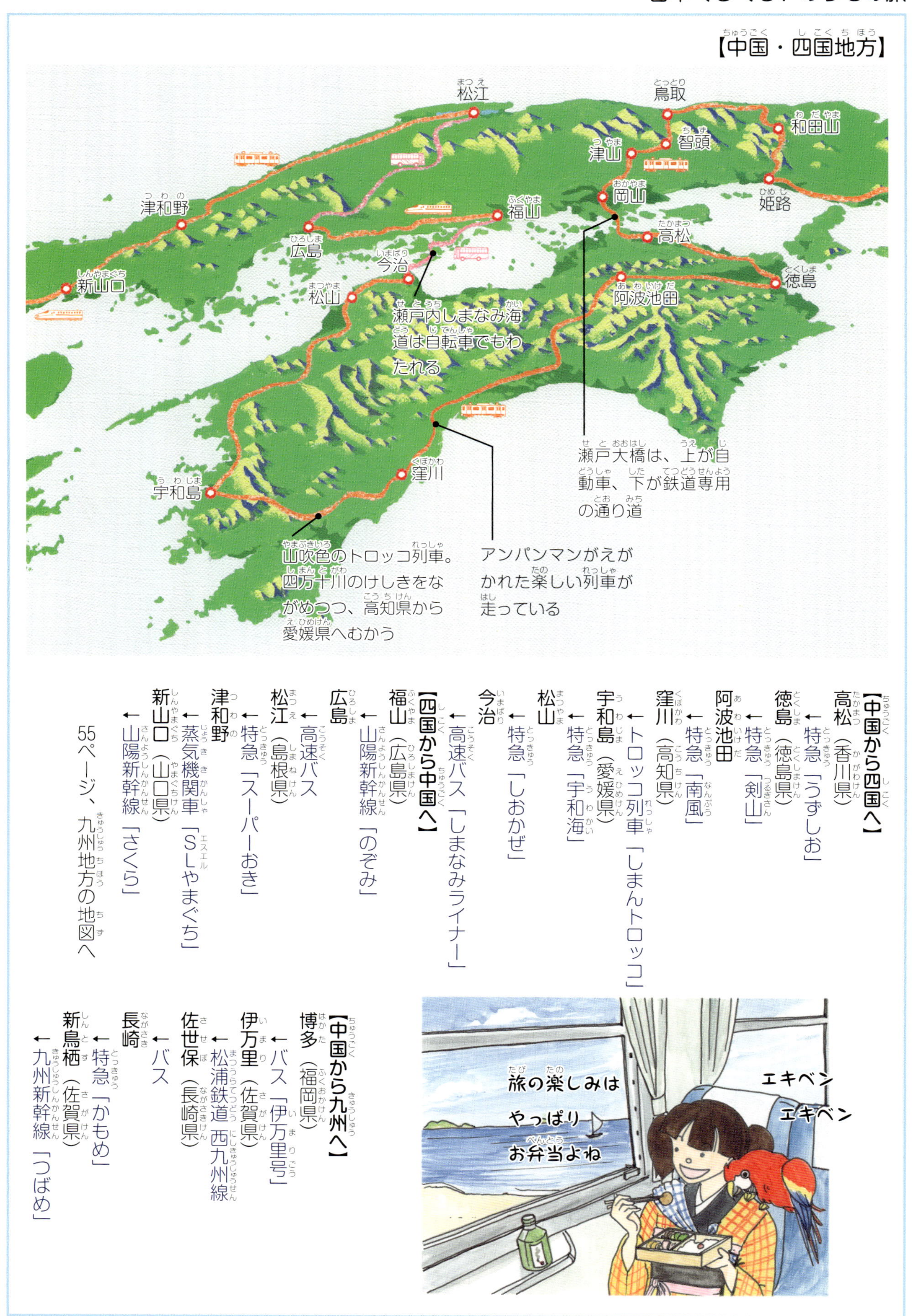

【中国から四国へ】

高松（香川県）
←特急「うずしお」
徳島（徳島県）
←特急「剣山」
阿波池田
←特急「南風」
窪川（高知県）
←トロッコ列車「しまんトロッコ」
宇和島（愛媛県）
←特急「宇和海」
松山
←特急「しおかぜ」
今治
←高速バス「しまなみライナー」

【四国から中国へ】

福山（広島県）
←山陽新幹線「のぞみ」
広島
←高速バス
松江（島根県）
←特急「スーパーおき」
津和野
←蒸気機関車「SLやまぐち」
新山口（山口県）
←山陽新幹線「さくら」

55ページ、九州地方の地図へ

【中国から九州へ】

博多（福岡県）
←バス「伊万里号」
伊万里（佐賀県）
←松浦鉄道 西九州線
佐世保（長崎県）
←バス
長崎
←特急「かもめ」
新鳥栖（佐賀県）
←九州新幹線「つばめ」

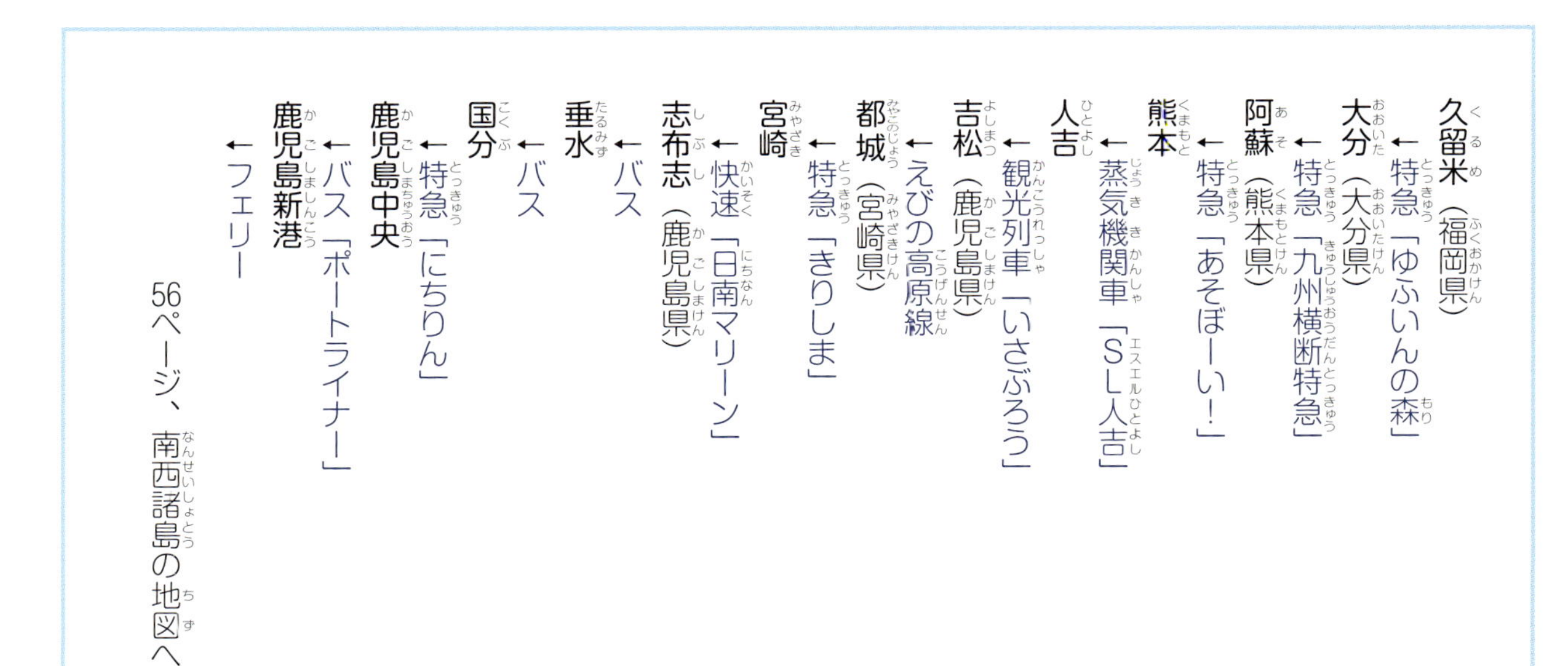

久留米（福岡県）
←特急「ゆふいんの森」
大分（大分県）
←特急「九州横断特急」
阿蘇（熊本県）
←特急「あそぼーい！」
熊本
←蒸気機関車「SL人吉」
人吉
←観光列車「いさぶろう」
吉松（鹿児島県）
←えびの高原線
都城（宮崎県）
←特急「きりしま」
宮崎
←快速「日南マリーン」
志布志（鹿児島県）
←バス
垂水
←バス
国分
←特急「にちりん」
鹿児島中央
←バス「ポートライナー」
鹿児島新港
←フェリー

56ページ、南西諸島の地図へ

【九州地方】

新山口
新関門トンネルを通りぬける
大分
「ゆふいんの森」は、てんじょうがドーム型をした観光用のごうかな特急列車だ
博多
新鳥栖
久留米
阿蘇
熊本
伊万里
佐世保
長崎
宮崎
人吉
都城
吉松
志布志
国分
垂水
鹿児島中央
鹿児島新港
熊本ー人吉間を走るSL人吉は、大正うまれの日本でもっとも古い現役のSL列車だ
ここからは船の旅を楽しもう。奄美大島、徳之島、沖永良部島、与論島をへて沖縄本島へ

北海道（49ページ）にとんで、旅をつづけよう

【九州から沖縄へ】

名瀬港（鹿児島県・奄美大島）
←フェリー
亀徳港（鹿児島県・徳之島）
←フェリー
和泊港（鹿児島県・沖永良部島）
←フェリー
与論港（鹿児島県・与論島）
←フェリー
本部港（沖縄県・沖縄本島）
←バス
古島駅前
←歩く
古島
←モノレール　ゆいレール
那覇空港（日本最西端の駅）
←飛行機
49ページ、北海道地方の地図へ

中部地方

地図で色のこいところが中部地方。

中部地方は、日本のほぼまんなかに位置する地域だ。

太平洋がわの東海と、日本海がわの北陸、
そのあいだには3000メートルをこえる高い山がそびえる中央高地があり、

「日本の屋根」といわれている。

ヨーロッパのアルプス山脈にたとえて「日本アルプス」とよばれることもある。

気候も、そだてる農作物も、さかんな工業も、それぞれの地域によってずいぶんちがう。

ただし、太平洋がわでも日本海がわでも、漁業はさかんだ。日本は海にめぐまれている。

「ねえマッピー、これ知ってる？」

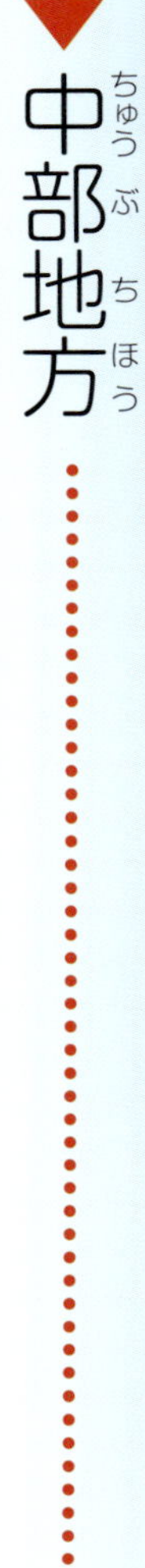

▼中部地方

さくらが「中部地方」について、マッピーにクイズをだしているよ。あなたも、絵とマッピーの答えをよく見て、つぎのページをめくってみよう。「マッピーの目」からながめた中部地方に、クイズとおなじ絵があるよ。どこにあるか、さがしてみよう。見つけられるかな？

日本でいちばん多くつくられている、お米の品種はなんだ？

コシヒカリ！

春、ふかい雪をかいてつくる、まっ白な雪のかべの道。ここは？

ユキ ノ オオタニ！

田んぼって、どうかぞえるか、知ってる？

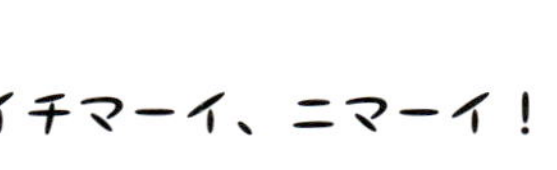

イチマーイ、ニマーイ！

日本製のめがねフレームの90パーセントをつくってる場所、どこだ？

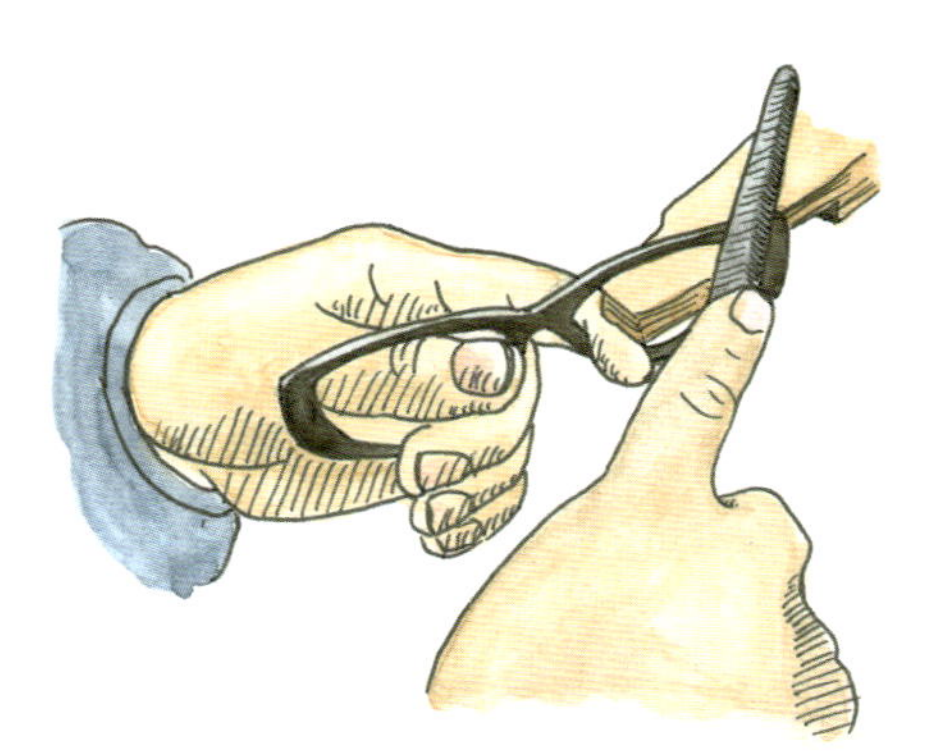

サバエ！

富士山のまわりに、湖はいくつあるかな？

イツツ！

屋根が、手と手をあわせたかたちににているよ。なんという建物だ？

ガッショウヅクリ！

太くて平たいめんと季節の野菜を、みそで煮こんだ料理。なんだ？

ホウトウ！

鵜という水鳥でアユをとる、めずらしい漁だよ。なんだ？

ウカイ！

志賀高原近くの温泉では、動物がお湯にはいりにくるよ。どんな動物？

サル！

夏の食べものトコロテン。あの細長いつるつるは、なにからつくる？

テングサ！

マッピーの目で見る

中部地方

まえのページとおなじ絵をさがしてね

①の絵がある場所

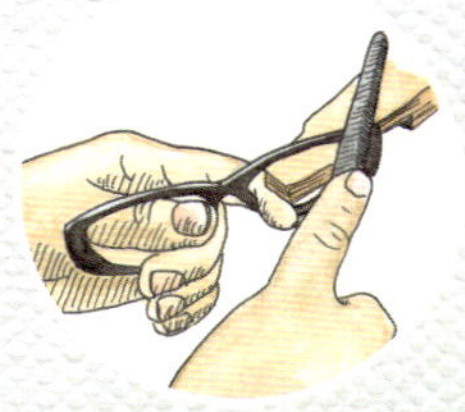

⑩めがねの町・鯖江
世界でも「サバエのめがね」は有名なんだって。

①たらい舟
ぐらぐらして、こわくないのかな。

⑤薬売り
江戸時代、「富山の薬売り」は全国に薬を売ってまわった。

⑦輪島の朝市
新鮮な魚や野菜の露店が、道の両がわにならんでるよ！

②コシヒカリ
魚沼産コシヒカリは、新潟を代表するおいしいお米。

⑥千枚田
田んぼの数が多いから、千枚田っていうんだ。

⑧千里浜
車は砂浜を走るのがにがてなんだけど、ここならOKだ。

3776メートルは富士山の高さ。だから“みな、なろう”なのね

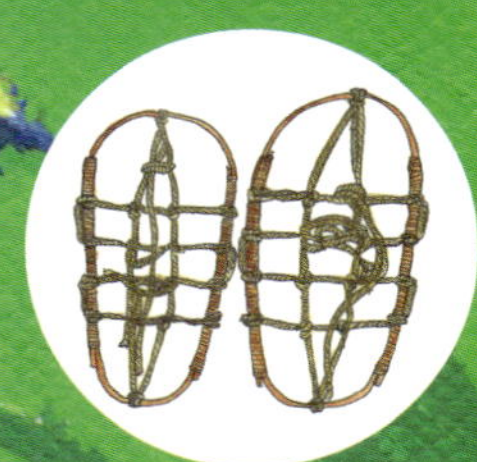

③すかり
ふかい雪のなかを歩くとき必要だった、雪国のはきものだ。

⑨恐竜王国
たくさんの恐竜の化石が発見されている地域だよ。

④雪の大谷
雪のかべは高さ10メートル以上。歩いてみたいね。

⑬天竜の川くだり
ながれがとても急なので「あばれ天竜」とよばれている。

⑫ほうとう
小麦粉をこねて、めんをつくる。田んぼの少ない地域では、めんがよく食べられていた。

⑪富士山
高さ3776メートル。みんなが知っている日本一の山。

⑭志賀高原のサル
うとうとしてる。気もちよさそうだ。

⑮合掌づくり
手と手をあわせたようなかたちを「合掌」という。

⑯鵜かい
1300年もつづく伝統の漁法がいまも見られる。

⑰てんぐさ
野原にはえている草ではなく、海のなかの海藻だ。

⑱登呂遺跡
約2000年まえの弥生時代の田んぼと集落のあと。

⑲瀬戸物
質のいい粘土がたくさんとれ、焼きものづくりがさかん。

⑳名古屋コーチン
名古屋コーチンは、手間と時間をかけてそだてられるニワトリ。

中部 あんなところ こんなもの

日本のほぼまんなかに位置する中部地方のなかまは、新潟県、富山県、石川県、福井県、山梨県、長野県、岐阜県、静岡県、愛知県の9つだ。

さくらが調べた中部地方のとくちょうを、地図の番号とてらしあわせながら、いっしょに見てみよう。

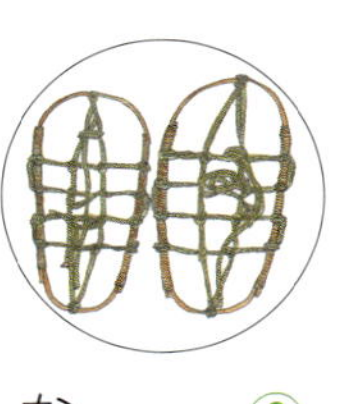

①たらい舟 新潟県・佐渡島
小木海岸のいりくんだ磯では、いまでも安定して小まわりのきくたらい舟でアワビなどをとる。

②コシヒカリ 新潟県
おいしいお米のひみつは、夏の朝晩の気温の差。秋の収穫期には、田んぼ一面が黄金色に染まる。

③すかり 新潟県
つま先のヒモを手にもって、それで足をひきあげながら、一歩一歩、ふかい雪のなかをすすむ。

④雪の大谷 富山県
雪のかべは、立山駅と黒部ダム方面をむすぶ道路（立山黒部アルペンルート）の観光名所。

⑤薬売り 富山県
おとくいさんの家に薬をおかせてもらい、年に一、二度たずねて、つかった薬をたす商いだ。

⑥千枚田 石川県
山の斜面の田んぼを棚田という。白米千枚田は、海にめんして海岸まで階段のようにつづく。

⑦輪島の朝市 石川県
輪島市では、1000年以上もまえから朝市が開かれている。店は、お昼にはしまってしまう。

⑧千里浜　石川県

夏は車を砂浜にとめて、海水浴を楽しむ人もいる。潮のみちひきの差が少ない、遠浅の海だ。

⑨恐竜王国　福井県

福井で見つかった「フクイサウルス」という恐竜もいる。勝山市には、恐竜博物館がある。

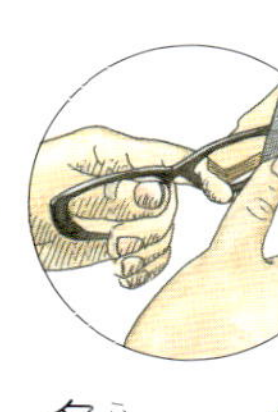

⑩めがねの町・鯖江　福井県

明治時代からつづくフレームづくり。もともとは、冬の農作業ができないあいだの手仕事だった。

⑪富士山　山梨県／静岡県

山梨と静岡のさかいにある活火山。本栖湖、精進湖、西湖、河口湖、山中湖を、富士五湖という。

⑫ほうとう　山梨県

ほうとうは、山梨に古くからつたわる郷土料理だ。各家庭によって味や具材がことなる。

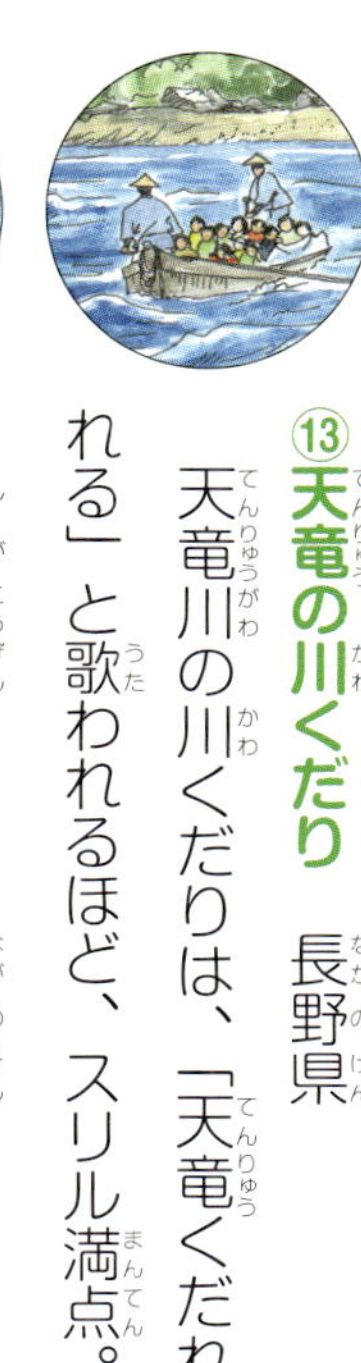

⑬天竜の川くだり　長野県

天竜川の川くだりは、「天竜くだればしぶきにぬれる」と歌われるほど、スリル満点。

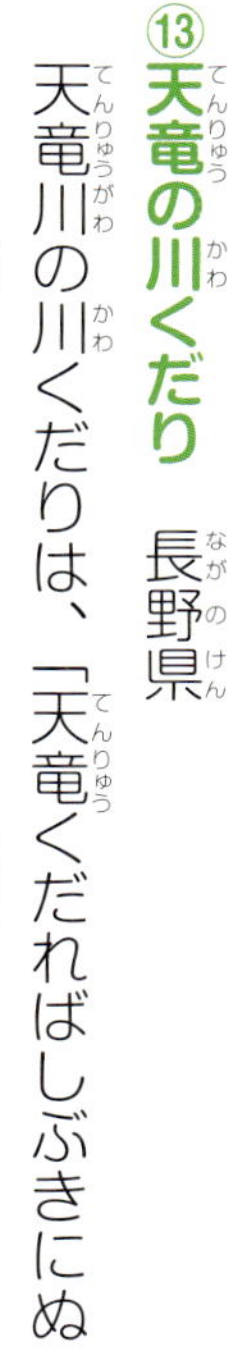

⑭志賀高原のサル　長野県

温泉にはいるニホンザルは、志賀高原の近く「地獄谷野猿公苑」で見ることができる。

⑮合掌づくり　岐阜県

「白川郷」とよばれる、むかしながらの家があつまる集落は、世界遺産に登録されている。

⑯鵜かい　岐阜県

長良川の伝統漁法。鵜が水のなかでのみこんだアユを、鵜匠とよばれる漁師の技ではきださせる。

⑰てんぐさ　静岡県

てんぐさを煮つめて、その汁をさますとトコロテンができる。伊豆は、有名なてんぐさの産地だ。

⑱登呂遺跡　静岡県

遺跡からは木製のクワなどが見つかり、弥生時代の米づくりのようすがわかった。

⑲瀬戸物　愛知県

いまでは、瀬戸でつくられていなくても、焼きもののことを「瀬戸もの」とよぶようになった。

⑳名古屋コーチン　愛知県

愛知県は養鶏がさかん。名古屋コーチンは、中国と愛知県の地鶏からうまれた品種だ。

富士山のてっぺん

♪あたまを雲の　上にだし　四方の山を
見おろして　かみなりさまを　下に聞く
富士は日本一の山♪

これは、「ふじの山」という歌。富士山は、山梨県と静岡県のさかいにあって、高さは3776メートル。日本でいちばん高い山だ。すそ野はそれぞれの県にわかれているけれど、てっぺんは「なに県のもの」ときまってはいない。協力しあって富士山の環境を守ることがだいじだ。

5合目（2305メートル）までは車であがれるが、そこから先は歩いてのぼる。5合目からは、だいたい5～6時間で山のてっぺんにつく。

山の上には、日本でいちばん高いところにある郵便局があって、登山客がおとずれる7月と8月だけ開いている。もちろん、手紙をだすことができる。ここからだした手紙には、「富士山頂」の消印がおされる。

関東地方

地図で色のこいところが関東地方。
日本でいちばん大きい関東平野が面積の半分をしめている。
関東地方には、日本の首都・東京がある。
このひろくてたいらな土地を中心に、多くの人がすんでいる。
東京にはたくさんの会社、店、工場があり、
そこではたらく人たちのすむ住宅地がひろがっている。
東京のまわりでは、都市にすむ人が食べる農産物がつくられている。
新幹線や高速道路が、東京を中心に各地にむけてのびている。

「ねえマッピー、これ知ってる？」

関東地方

さくらが「関東地方」について、マッピーにクイズをだしているよ。
あなたも、絵とマッピーの答えをよく見て、つぎのページをめくってみよう。
「マッピーの目」からながめた関東地方に、クイズとおなじ絵があるよ。
どこにあるか、さがしてみよう。見つけられるかな？

街のなかを、かわったかたちの二輪車が走っているよ。これなに？

セグウェイ！

「ぎょうざの街」で有名なところ、どこだ？　たくさん食べてるね。

ウツノミヤ！

本州でいちばん大きな湿原、どこだ？　白い花はミズバショウだよ。

オゼガハラ！

かつて、カイコのまゆから絹糸をつくっていた工場だよ。知ってる？

トミオカセイシジョウ！

「地下神殿」とよばれる場所があるの。ここ、なんだかわかる？

シュトケンガイカク
ホウスイロ！

日本でいちばん高いタワーは？　電波をおくるだいじな役目があるよ。

トウキョウスカイツリー！

世界とつながる国際空港。「空の玄関」とよばれているよ。どこだ？

ナリタコクサイクウコウ！

船で約25時間もかかる場所なのに、ここは東京都なんだって。どこだ？

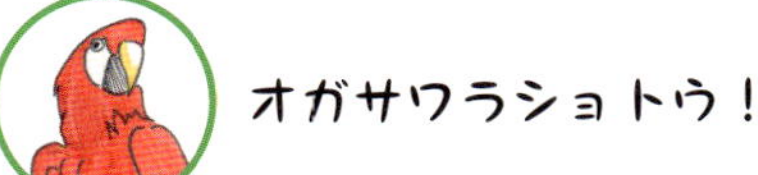

オガサワラショトウ！

太平洋が目のまえ。この水族館では、ある動物が大活やく。それは？

シャチ！

中国からきた人たちがあつまってできた、にぎやかな街。知ってる？

チュウカガイ！

マッピーの目で見る
関東地方
まえのページとおなじ絵をさがしてね
カントウヘイヤ
ヒロイ
ヒローイ
①の絵がある場所
①偕楽園
水戸の第9代藩主・徳川斉昭が1842年に開いた日本庭園。
③那須高原
高さ1000メートルの高原に、20万本のツツジがさいている。
②ロボットの街つくば
セグウェイは、電動立ちのり二輪車。ただいま実験中。
ニーハオ！
横浜中華街へようこそ
④いろは坂
日光市街と中禅寺湖をむすぶ急カーブがいくつもつづく山道。
⑤宇都宮ぎょうざ
宇都宮市内にはぎょうざ専門店がたくさん！

⑰小笠原諸島
東京港から、南に1000キロメートルの位置にある、180あまりの島々。

⑬九十九里浜
「里」は長さの単位。海岸線がどこまでもつづいてる。

⑨埼玉古墳群
古墳はむかしのお墓。埴輪や剣が見つかっている。

⑱京浜工業地帯
東京の京と横浜の浜で「京浜」。工場ばっかりだ。

⑭鴨川シーワールド
いろいろな海の生きものが間近で見られる。

⑩和銅遺跡
日本で最初にでまわったとされるお金「和同開珎」がうまれたところ。

⑥尾瀬ヶ原
高さ1400～2400メートルにある湿原。冬は雪がたくさんふる。

⑲横浜中華街
きらびやかな門が目印。中国のお正月・春節は、とくに人でにぎわう。

⑮東京スカイツリー
晴れた日にはタワーの上から富士山がよく見える。

⑪首都圏外郭放水路
川があふれそうなときに大活やく！

⑦岩宿遺跡
日本で、はじめて旧石器時代の石器が見つかったところ。

⑳箱根駅伝
お正月にテレビで見るね。東京～箱根をチームで走って往復する。

⑯江戸城
むかしのお堀がのこっていて、そのまわりを走る人たちが多い。

⑫成田国際空港
大型飛行機がつぎからつぎへと離陸・着陸している。

⑧富岡製糸場
日本ではじめて、機械をつかって絹糸を生産した工場。

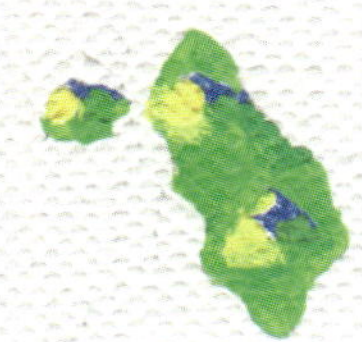

関東（かんとう）あんなところこんなもの

関東地方のなかまは、茨城県、栃木県、群馬県、埼玉県、千葉県、東京都、神奈川県の7つだ。さくらが調べた関東地方のとくちょうを、地図の番号とてらしあわせながら、いっしょに見てみよう。

①偕楽園 茨城県
石川県「兼六園」、岡山県「後楽園」とならぶ日本三名園。100種3000本のウメがみごとだ。

②ロボットの街つくば 茨城県
つくば市には、人の役にたつロボットをつくるための研究施設がある。セグウェイもそのひとつ。

③那須高原 栃木県
夏でもすずしい気候のため、別荘地として人気がある。牧場があり、牛がかわれている。

④いろは坂 栃木県
下りと上り、あわせて急カーブが48か所。カーブごとに「い」「ろ」「は」と名まえがついている。

⑤宇都宮ぎょうざ 栃木県
白菜たっぷりのさっぱり味がとくちょう。ぎょうざ消費量日本一を静岡県浜松市ときそっている。

⑥尾瀬ヶ原 群馬県
福島、新潟、群馬にまたがる高層湿原。きびしい環境に生きる、さまざまな高山植物が見られる。

⑦岩宿遺跡 群馬県
石のナイフや矢じりが見つかり、日本でも旧石器時代に人がすんでいたことがわかった。

⑧富岡製糸場　群馬県

レンガづくりの工場は、明治時代にたてられた。日本でつくられた絹糸は遠い外国に売られた。

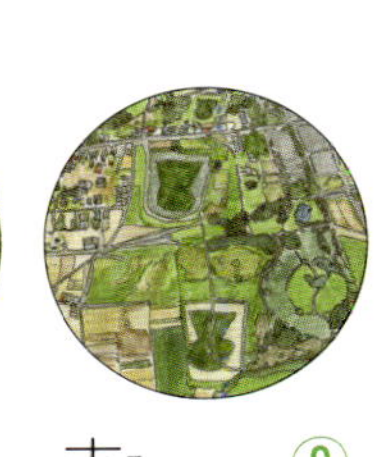

⑨埼玉古墳群　埼玉県

行田市周辺には、大きな古墳があつまっている。古墳からは、埴輪や鉄でできた剣が見つかっている。

⑩和銅遺跡　埼玉県

「和同開珎」の材料となる和銅がほりだされたあたり一帯を和銅遺跡とよんでいる。

⑪首都圏外郭放水路　埼玉県

こう水がおきそうなとき、この地下トンネルに水を一時的にため、その後、大きな川にながす。

⑫成田国際空港　千葉県

成田市にある国際空港で、東京の空の玄関だ。人だけではなく、貨物も飛行機ではこばれる。

⑬九十九里浜　千葉県

実際の長さは約66キロメートル。この数年、砂が海にながれでて、砂浜がきえつつある。

⑭鴨川シーワールド　千葉県

イルカなどの海獣の飼育に力をいれている。日本ではじめてシャチの飼育にも成功した。

⑮東京スカイツリー　東京都

高さ634メートルの、日本でいちばん高いタワー。テレビの電波をだす電波塔の役目がある。

⑯江戸城　東京都

戦国時代に太田道灌がつくった城をもとに、徳川家康が大きくした。いまは皇居となっている。

⑰小笠原諸島　東京都

ここにしかいない動物・植物が、近年、人がもちこんだ外来種のせいで、絶滅の危機にひんしている。

⑱京浜工業地帯　神奈川県

東京から横浜にかけての海ぞいの地域には工場が多い。環境にやさしい技術がもとめられている。

⑲横浜中華街　神奈川県

中国では、お正月（春節）を盛大にお祝いする。中華街では、春節に獅子舞が街をねり歩く。

⑳箱根駅伝　神奈川県

10人でたすきをひきついで、東京から箱根まで走って往復する。駅伝のなかでももっとも長い。

おいしいネギの生産地

関東地方は、ネギ、コマツナ、ホウレンソウなどの野菜の生産がさかんだ。日本一の大都市東京に近いため、とれた野菜をすぐに食卓にとどけることができる。とりわけおいしいネギがたくさんとれ、埼玉県、千葉県、茨城県の生産量が多い。

この地域で生産されるネギは、根深ネギといい根もとの白い部分が長い。関東地方では、白いネギをそだてるために、ネギの根もとに畑の土をもりあげる。太陽の光にあたると、ネギは葉緑素のはたらきで緑色になる。日にあたらない土のなかでそだてると、白いネギができる。関東では白い根深ネギが、大阪や京都など関西では緑の葉ネギが、おもに生産される。白い根深ネギは冬のさむさに強く、緑の葉ネギは夏のあつさに強いといわれる。

さむい冬は、ネギのおいしい季節だ。ネギは煮るとあまみがでるので、すき焼きや鍋料理にはかかすことができない。

東北地方

地図で色のこいところが東北地方。
みんなの食卓にならぶ、お米や魚、くだものの産地だ。
地域に根ざした伝統行事が数多くのこるこの地方では、おまつりがさかんだ。
夏になると、毎年多くの人でにぎわう。
東北地方は米どころなので、これらのおまつりと稲作にはふかい結びつきがあり、
「お米がきちんととれますように」という強いねがいがこめられていることが多い。
ひろがる田んぼ、美しい雪げしき、大きな山々……、
人をなぜか懐かしい気もちにさせてしまう。それが東北地方だ。

「ねえマッピー、これ知ってる？」

▼東北地方

さくらが「東北地方」について、マッピーにクイズをだしているよ。
あなたも、絵とマッピーの答えをよく見て、つぎのページをめくってみよう。
「マッピーの目」からながめた東北地方に、クイズとおなじ絵があるよ。
どこにあるか、さがしてみよう。見つけられるかな？

ブナの大森林がひろがる山地で世界遺産に登録されているのはどこだ？

シラカミサンチ！

海岸線がのこぎりの歯のようにギザギザしているよ。ここはどこだ？

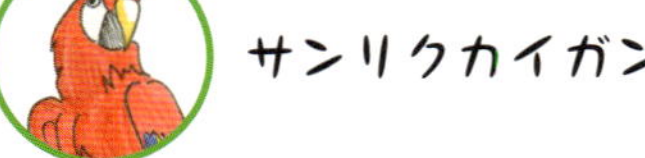

サンリクカイガン！

漁師さんが、つり糸をたぐって大きな魚をとっているよ。なんだ？

オオマノマグロ！

たくさんの童話を書いた、東北出身のこの人、だれだ？

ミヤザワケンジ！

日本第2位だった湖をうめたてて田んぼをつくった場所はどこだ？

ハチロウガタ！

スノーモンスター（雪の怪物）とよばれる、冬にあらわれるものは？

ジュヒョウ！

雪をかためた小さなおうち。その名まえは、なんだ？

カマクラ！

「畑の宝石」とよばれ、駅の名まえにもつかわれているくだものは？

サクランボ！

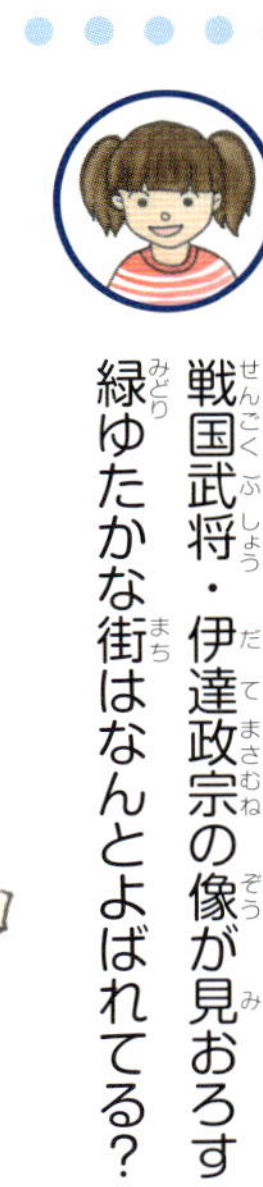

戦国武将・伊達政宗の像が見おろす緑ゆたかな街はなんとよばれてる？

モリノミヤコ！

1日のうちに何度か湖面の色をかえる湖は、なんていう湖だ？

ゴシキヌマ！

マッピーの目で見る

東北地方

まえのページとおなじ絵をさがしてね

①大間のマグロ
太平洋と日本海が大間崎でご対面。

②三内丸山遺跡
縄文時代へタイムトラベル！

③リンゴ
「ふじ」「陸奥」「つがる」……品種もいろいろある。

④白神山地
世界最大級のブナ林はむかしのすがた、そのまんま。

⑤三陸海岸
ギザギザ海岸線は、荒波と風と雨がつくる「リアス式海岸」だ。

⑥まがり家
L字型にまがった家には、ひみつがある。

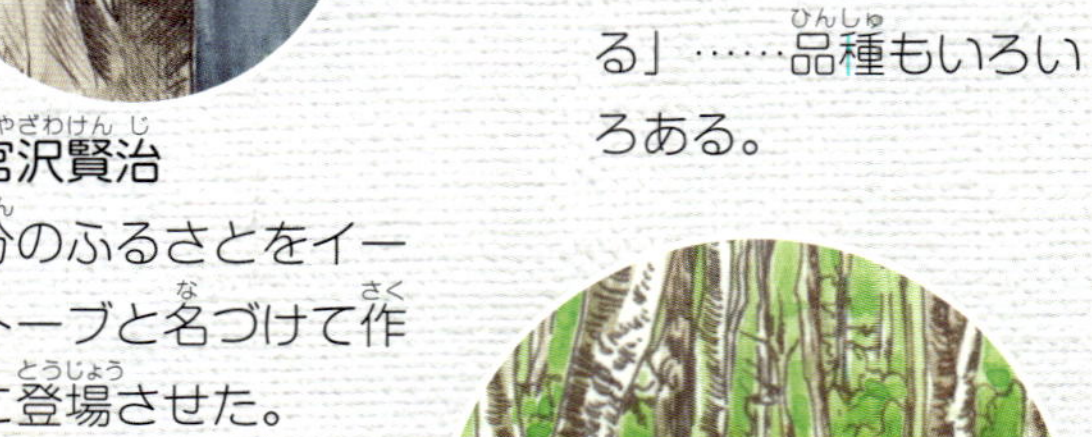

⑦宮沢賢治
自分のふるさとをイーハトーブと名づけて作品に登場させた。

⑧小岩井農場
牛、牛、牛、牛……。ヒツジもいる。日本一大きい農場。

⑨小坂鉱山芝居小屋
いまも現役！　日本一古い明治時代の歌舞伎小屋。

⑩八郎潟
大きな湖が、なんと水田に大変身！

⑯山居倉庫
お米を保管する、明治時代の倉庫。

⑭杜の都
このあたりは、むかし仙台城を中心にさかえた城下町だ。

⑬気仙沼
港町・気仙沼では「森は海の恋人」があいことばだ。なんで？

⑪なまはげ
大晦日にやってくる、鬼……じゃない、鬼のすがたをした神さま。

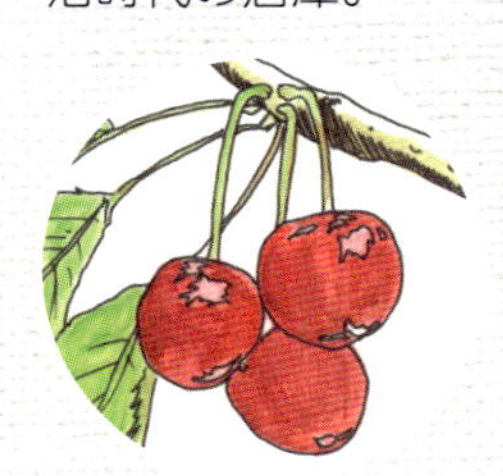

⑰さくらんぼ
収穫量は日本一。「種飛ばし大会」もある。

⑮樹氷
怪物の正体、じつはオオシラビソという大きな木。

ヤマ タクサン！
ヤマ イッパイ！

⑱五色沼
もともとは火山の噴火でできた湖。

⑲大内宿
旧街道ぞいにさかえたかつての宿場町。

⑳あぶくま洞
自然がつくるふしぎな地下空間、それが鍾乳洞だ。

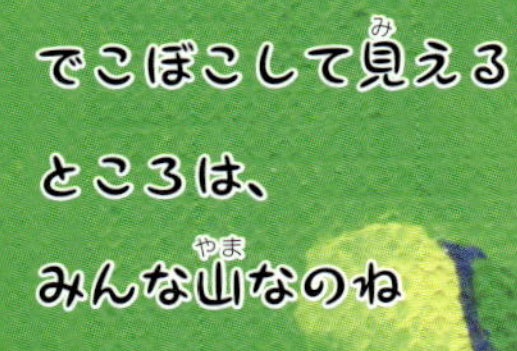

でこぼこして見えるところは、
みんな山なのね

⑫かまくら
雪の多い地方ならではの、冬のお楽しみ。

東北 あんなところ こんなもの

東北地方のなかまは、青森県、岩手県、秋田県、宮城県、山形県、福島県の6つだ。さくらが調べた東北地方のとくちょうを、地図の番号とてらしあわせながら、いっしょに見てみよう。

①大間のマグロ　青森県
大間崎は太平洋と日本海の海流がまじわる漁場で、マグロの一本づりで有名なところだ。

②三内丸山遺跡　青森県
約5000年まえ、縄文時代の人びとがすんでいたムラのあと。ここで定住生活をしていた。

③リンゴ　青森県
青森はリンゴ王国。全国生産量のなんと半分以上が、青森産だ。台湾にも輸出しているよ。

④白神山地　青森県／秋田県
さまざまな動植物が、人の影響をうけずにここで生きている。世界遺産にも登録されている。

⑤三陸海岸　岩手県
ギザギザ海岸線は青森・岩手・宮城にまたがり、長さ約600キロメートルにもおよぶ。

⑥まがり家　岩手県
家と馬屋をL字につなげて、たいせつな馬をさむさから守り、いつでもようすがわかるようにした。

⑦宮沢賢治　岩手県
花巻市は宮沢賢治のふるさと。「銀河鉄道の夜」「注文の多い料理店」の話は、いちどは読みたい。

⑧小岩井農場　岩手県

日本有数の農場で、2000頭もの乳牛がいる。施設の一部は開放されていて、見学できる。

⑨小坂鉱山芝居小屋　秋田県

小坂鉱山ではたらく、銀をほる人たちの楽しみのためにつくられた芝居小屋。国の重要文化財だ。

⑩八郎潟　秋田県

斎藤隆介 作『八郎』は、八郎潟にまつわる伝承をもとに秋田弁で書かれたお話だ。

⑪なまはげ　秋田県

なまはげは、家のてつだいや勉強しないこどもを見つけてこらしめ、わざわいもはらう。

⑫かまくら　秋田県

横手市では、かまくらのなかでこどもたちが、「はいってたんせ」といって甘酒やお餅をふるまう。

⑬気仙沼　宮城県

海の環境をよくするために、森の栄養分が海にながれるよう、漁師さんが植林活動をしている。

⑭杜の都　宮城県

緑ゆたかなわけは、人や家などを風や雪から守るために植えられた木々。「屋敷林」「防風林」だ。

⑮樹氷　山形県／宮城県

オオシラビソの木は、冬の気温がさがる夜に、つめたい氷と雪におおわれて樹氷に大変身する。

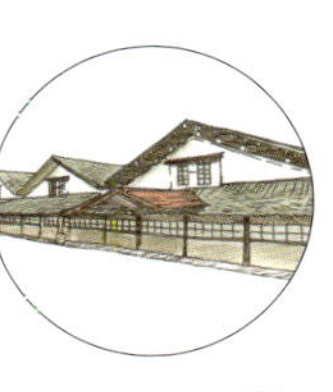

⑯山居倉庫　山形県

山形は米どころ。倉庫は、夏の高温防止と湿気防止、舟へのつみおろしの工夫がされていた。

⑰さくらんぼ　山形県

「佐藤錦」という品種は全国生産量の約7割。「さくらんぼ東根駅」は山形新幹線の停車駅だ。

⑱五色沼　福島県

1日に何度も湖面の色がかわって見えるのは、太陽の光の具合による。

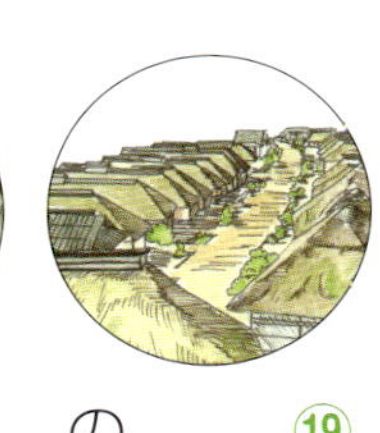

⑲大内宿　福島県

いまも茅ぶき屋根の民家がたちならび、江戸時代の宿場の町なみをのこしている。

⑳あぶくま洞　福島県

全長約3300メートルの鍾乳洞は、雨水や地下水が8000万年の年月をかけてつくった。

東北地方の夏まつり

東北地方の夏は、毎年さまざまなまつりでにぎわう。「青森ねぶた祭」「秋田竿燈まつり」「盛岡さんさ踊り」「山形花笠まつり」「仙台七夕まつり」「福島わらじまつり」。これらは東北六県の代表的な夏まつりで、古くからつたわる地域の風習に根ざした伝統の行事だ。

２０１１年３月、東北地方を大きな地震がおそい、多くの人がなくなった。東日本大震災だ。その大震災から４か月後、犠牲者の霊にいのりをささげ、復興へのねがいをこめて、東北の人たちがおこなったのは、東北の代表的な夏まつりをあつめた「東北六魂祭」だった。まつりのなかには、津波で町をうばわれた地域のおどりもあった。「東北六魂祭」は、２０１６年まで東北各県で順番に開催された。

まつりは、人びとの結びつきをふかめ、きびしい自然や現実を生きるための勇気もあたえてくれる。

北海道地方

地図で色のこいところが北海道地方。
日本のもっとも北にある、面積のいちばん大きい地域だ。
冬はさむさがきびしく、夏はすずしい。
もともとここには、アイヌという民族が、
独自のことば、独自の文化をもってくらしていた。
北海道にはまだひらかれていない土地も多く、ゆたかな自然がのこされていて、
たくさんの人が観光でおとずれる。
ひろい土地をいかした農業や畜産業がさかんで、おいしい食べものもいっぱいだ。

「ねぇマッピー、これ知ってる?」

▼北海道地方

さくらが「北海道地方」について、マッピーにクイズをだしているよ。
あなたも、絵とマッピーの答えをよく見て、つぎのページをめくってみよう。
「マッピーの目」からながめた北海道地方に、クイズとおなじ絵があるよ。
どこにあるか、さがしてみよう。見つけられるかな?

まるい緑色の球が、湖のなかにたくさん。あれはいったいなに?

マリモ!

ひろい大草原に、たくさんの牛。なんでこんなにたくさんいるか?

海のなかはまるで森。利尻島でとれる、料理にかかせない食べものは?

コンブ!

とっても大きな馬が、重たいそりをひいて競争してる。あれはなんだ?

バンエイケイバ!

まるで紫のじゅうたん！　いい香りがする初夏の花畑。なんの花？

ラベンダー！

ずっとまえから北海道にすんでいた人たちは、なんていう民族だ？

アイヌ！

北海道では家の窓ガラスが二重になっているところが多いよ。なぜだ？

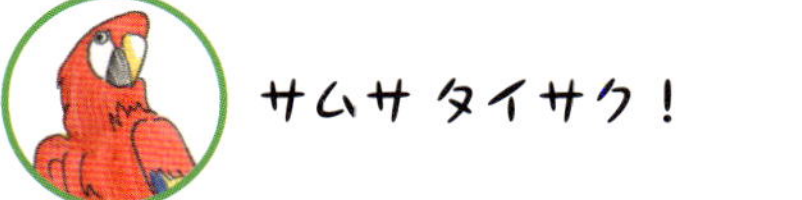

サムサ タイサク！

噴火を活発にくりかえす山。まわりがジオパークになってるところは？

ウスザン！

レンガの倉庫が河にそってならんでいるよ。この河なんだか知ってる？

ウンガ！

海に船がいっぱい。この海でそだてているもの、なんだ？

ホタテガイ！

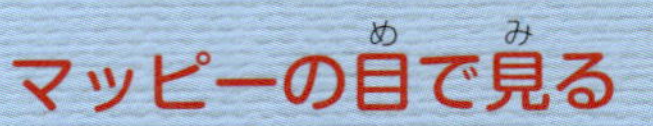

マッピーの目で見る

北海道地方

まえのページとおなじ絵をさがしてね

⑧ばんえい競馬

重りをのせた鉄そりを馬にひかせ、その力やスピードなどをきそうレースだ。

⑦氷上の露天風呂

こおった湖の上でお風呂にはいっている人がいる！

ホッカイドー
デッカイドー

④マリモ

みごとな色とかたち、まるで湖の宝石だ。マリモは、緑藻のなかま。

①日本本土の最北端

日本本土のもっとも北にある岬。となりの国のロシアはすぐ近くだ。

①の絵がある場所

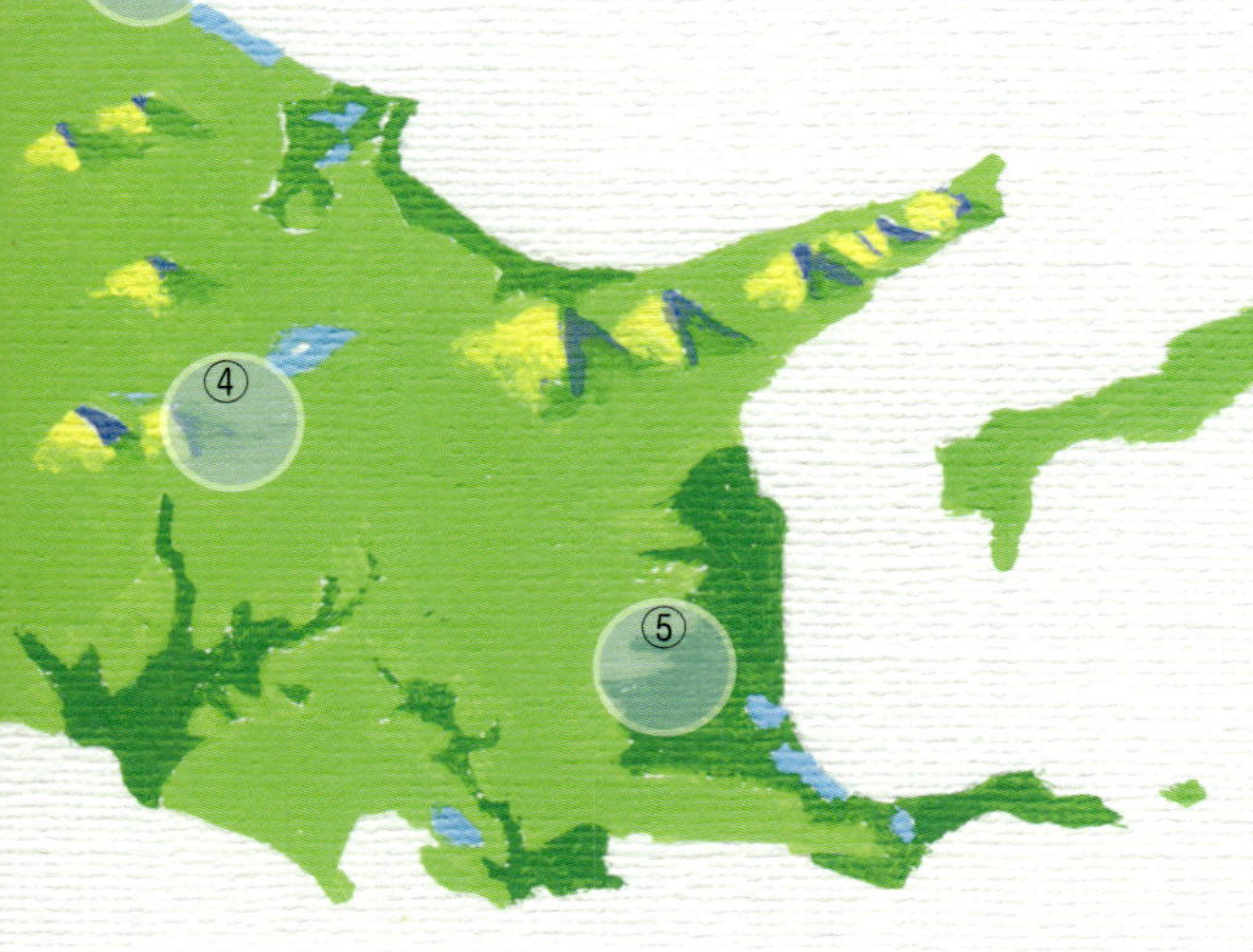

⑤根釧台地

日本一の酪農地帯。酪農というのは、牛をかって牛乳や乳製品をつくること。

②昆布

まあるい島のまわりの海には、ゆたかな昆布の森がある。

⑨ラベンダー畑

ラベンダーはハーブのなかま。香りにはリラックス効果がある。

⑥ヒグマ

ここは、石狩山地、北海道のどまんなか！

③氷の妖精・クリオネ

流氷の下に、かわいい生きものがかくれている……。

⑩さむさ日本一

二重ガラスは、家にさむさをいれない工夫なんだ。

⑭果樹の町
ここは北海道を代表するくだものの産地。

⑬運河ぞいの倉庫群
運河にそって倉庫があるには、わけがある。

⑫ささら電車
路面電車が雪かきしてる！

⑪石狩平野
北海道でいちばんの米どころ。

⑯馬の放牧
ここでそだてられた馬は、全国の競馬場で活やくする。

⑮アイヌのおどり
アイヌの人たちがはぐくんできた歌やおどりが、いまもひきつがれている地域だ。

⑳夜景
函館は港町。函館山の展望台から見る夜景はみごとだ。

⑱有珠山
高さ737メートル、とても活発な活火山だ。

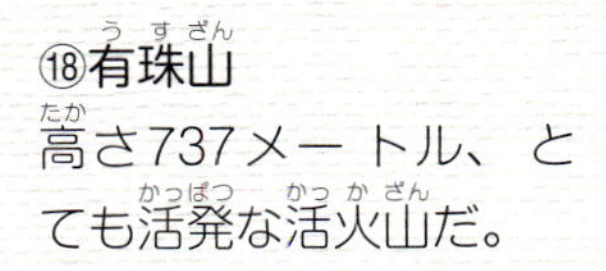

このひろさ、わたしには衝撃！

⑲ホタテ貝養殖
湾にめんした町は、ホタテの養殖がさかんだよ。

⑰スキー場
スキーをしにくる、外国人観光客が多いよ。

北海道 あんなところ こんなもの

北海道は、とにかくひろい。
関東地方と近畿地方、
それに四国地方を
合わせても、
まだ北海道のほうが
ひろいくらいだ。
こんなにひろい北海道は、
14の地域にわけられている。
さくらが調べた
北海道地方のとくちょうを、
地図の番号とてらしあわせながら、
いっしょに見てみよう。

①日本本土の最北端　宗谷岬

晴れた日には、ロシアのサハリンが見える。近くの稚内にはロシアの人も買いものにおとずれる。

②昆布　利尻島

利尻島産の昆布は名産品。夏は、養殖した昆布を海からひきあげてほす作業で大いそがしだ。

③氷の妖精・クリオネ　紋別

真冬になると、北からながれてくる流氷。クリオネは、いっしょにやってくるまき貝のなかまだ。

④マリモ　阿寒湖

マリモは阿寒湖の象徴。みごとな球体をつくる阿寒湖のマリモは、日本の特別天然記念物だ。

⑤根釧台地

ひろさ日本一の台地。機械を利用して大規模な酪農をおこなっている。別海町は、生乳生産量日本一。

⑥ヒグマ　石狩山地

ふかい森には、北海道にしかいないヒグマがいる。いちばん高い山は旭岳の2291メートルだ。

⑦氷上の露天風呂　然別湖

標高810メートルの高いところにある湖。冬は、こおった湖の上に露天風呂が開設される。

⑧ばんえい競馬　帯広

そりをひく馬はばん馬という。もともと農耕用に改良された巨大な馬で、とても力がある。

⑨ラベンダー畑　富良野

ラベンダーは、富良野の夏の風物詩。毎年、7月の中ごろになると、多くの観光客でにぎわう。

⑩さむさ日本一　旭川

旭川は、日本でいちばんのさむさを記録したところ。史上最低気温は、なんとマイナス41度。

⑪石狩平野

石狩川は、日本で3番めに長い川。川にそってひろがる石狩平野に、田んぼがひろびろとつづく。

⑫ささら電車　札幌

大都市・札幌では、冬、雪をとりのぞく竹のブラシをつけた「ささら電車」が活やくする。

⑬運河ぞいの倉庫群　小樽

小樽は港町。船が倉庫の近くまで直接はいっていけるようにつくった水路、それが運河だ。

⑭果樹の町　仁木

夏に気温がぐんとあがる仁木町では、リンゴ、ブドウなど多くのくだものが栽培されている。

⑮アイヌのおどり　平取

平取町二風谷には、アイヌの血をひく人たちが多く、伝統を守りつたえている。

⑯馬の放牧　新ひだか

雪がわりと少なく、野草がゆたかな日高地方。むかしから馬の育成がさかんで、牧場が数多い。

⑰スキー場　ニセコ

富士山ににたかたちの山は「羊蹄山」。オーストラリアなど外国からもスキー客がおとずれる。

⑱有珠山

2000年の噴火では、たくさんの噴火口をつくった。近くの洞爺湖は、大むかしの噴火でできた湖。

⑲ホタテ貝養殖　森

内浦湾は、波がおだやかで、海水に山からの栄養がまじり、ホタテ貝の養殖にてきしている。

⑳夜景　函館

函館山は高さ334メートル。港を中心にひろがる街のようすやいきかう船が見てとれる。

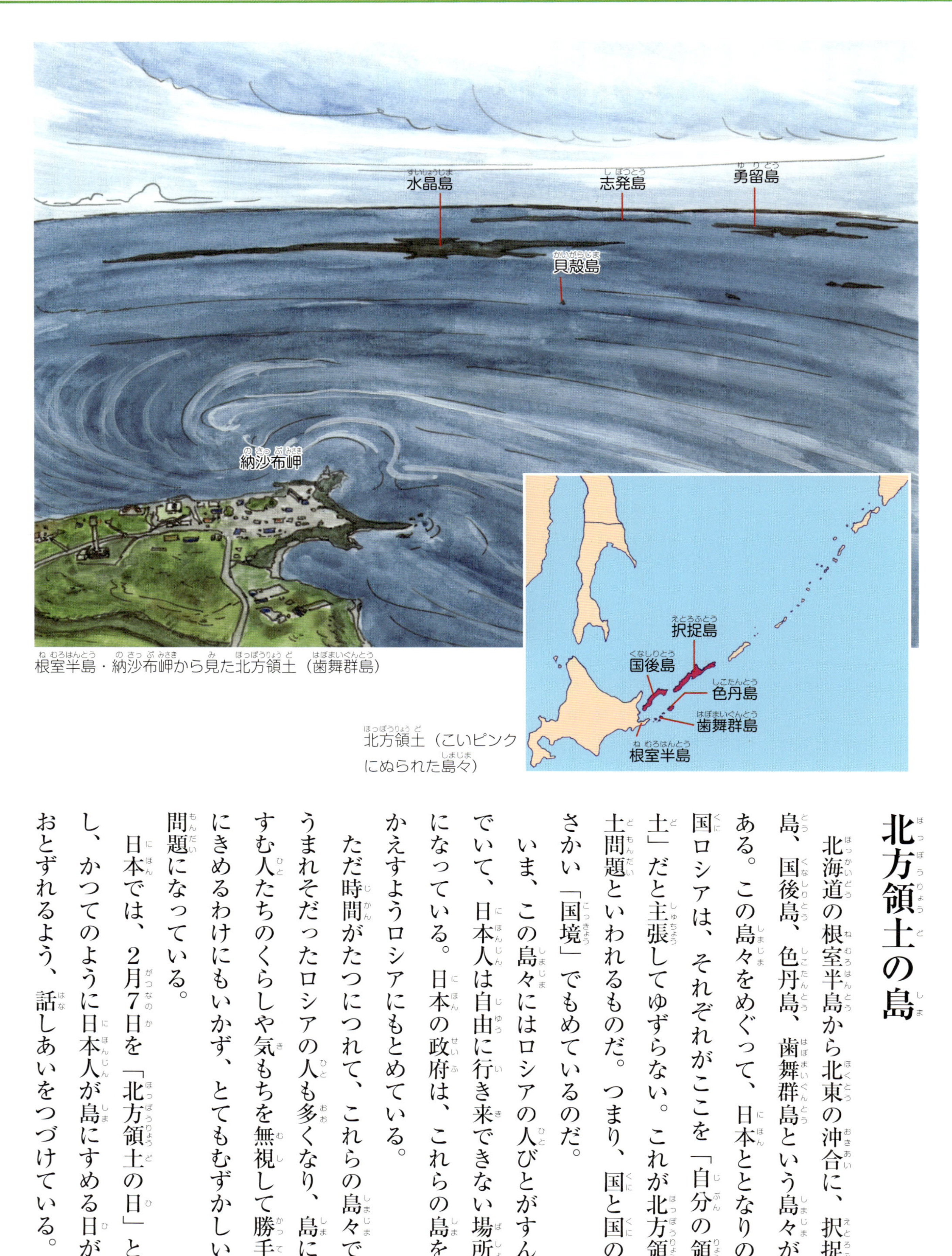

根室半島・納沙布岬から見た北方領土（歯舞群島）

北方領土（こいピンクにぬられた島々）

北方領土の島

北海道の根室半島から北東の沖合に、択捉島、国後島、色丹島、歯舞群島という島々がある。この島々をめぐって、日本ととなりの国ロシアは、それぞれがここを「自分の領土」だと主張してゆずらない。これが北方領土問題といわれるものだ。つまり、国と国のさかい「国境」でもめているのだ。

いま、この島々にはロシアの人びとがすんでいて、日本人は自由に行き来できない場所になっている。日本の政府は、これらの島をかえすようロシアにもとめている。

ただ時間がたつにつれて、これらの島々でうまれそだったロシアの人も多くなり、島にすむ人たちのくらしや気もちを無視して勝手にきめるわけにもいかず、とてもむずかしい問題になっている。

日本では、2月7日を「北方領土の日」とし、かつてのように日本人が島にすめる日がおとずれるよう、話しあいをつづけている。

いまの日本はこうなっている

	都道府県	都道府県庁所在地
①	北海道	札幌市
②	青森県	青森市
③	岩手県	盛岡市
④	宮城県	仙台市
⑤	秋田県	秋田市
⑥	山形県	山形市
⑦	福島県	福島市
⑧	茨城県	水戸市
⑨	栃木県	宇都宮市
⑩	群馬県	前橋市
⑪	埼玉県	さいたま市
⑫	千葉県	千葉市
⑬	東京都	東京
⑭	神奈川県	横浜市
⑮	新潟県	新潟市
⑯	富山県	富山市
⑰	石川県	金沢市
⑱	福井県	福井市
⑲	山梨県	甲府市
⑳	長野県	長野市
㉑	岐阜県	岐阜市
㉒	静岡県	静岡市
㉓	愛知県	名古屋市
㉔	三重県	津市
㉕	滋賀県	大津市
㉖	京都府	京都市
㉗	大阪府	大阪市
㉘	兵庫県	神戸市
㉙	奈良県	奈良市
㉚	和歌山県	和歌山市
㉛	鳥取県	鳥取市
㉜	島根県	松江市
㉝	岡山県	岡山市
㉞	広島県	広島市
㉟	山口県	山口市
㊱	徳島県	徳島市
㊲	香川県	高松市
㊳	愛媛県	松山市
㊴	高知県	高知市
㊵	福岡県	福岡市
㊶	佐賀県	佐賀市
㊷	長崎県	長崎市
㊸	熊本県	熊本市
㊹	大分県	大分市
㊺	宮崎県	宮崎市
㊻	鹿児島県	鹿児島市
㊼	沖縄県	那覇市

日本は、47都道府県といって北海道、東京都、大阪府、京都府と、長野県、福岡県など43の県にわかれている。

これまで見てきたように、自然や社会的なちがいから、日本を、北海道、東北、関東、中部、近畿、中国、四国、九州の8つの地方にわけることもある。あなたのすんでいる場所はどこだろう。

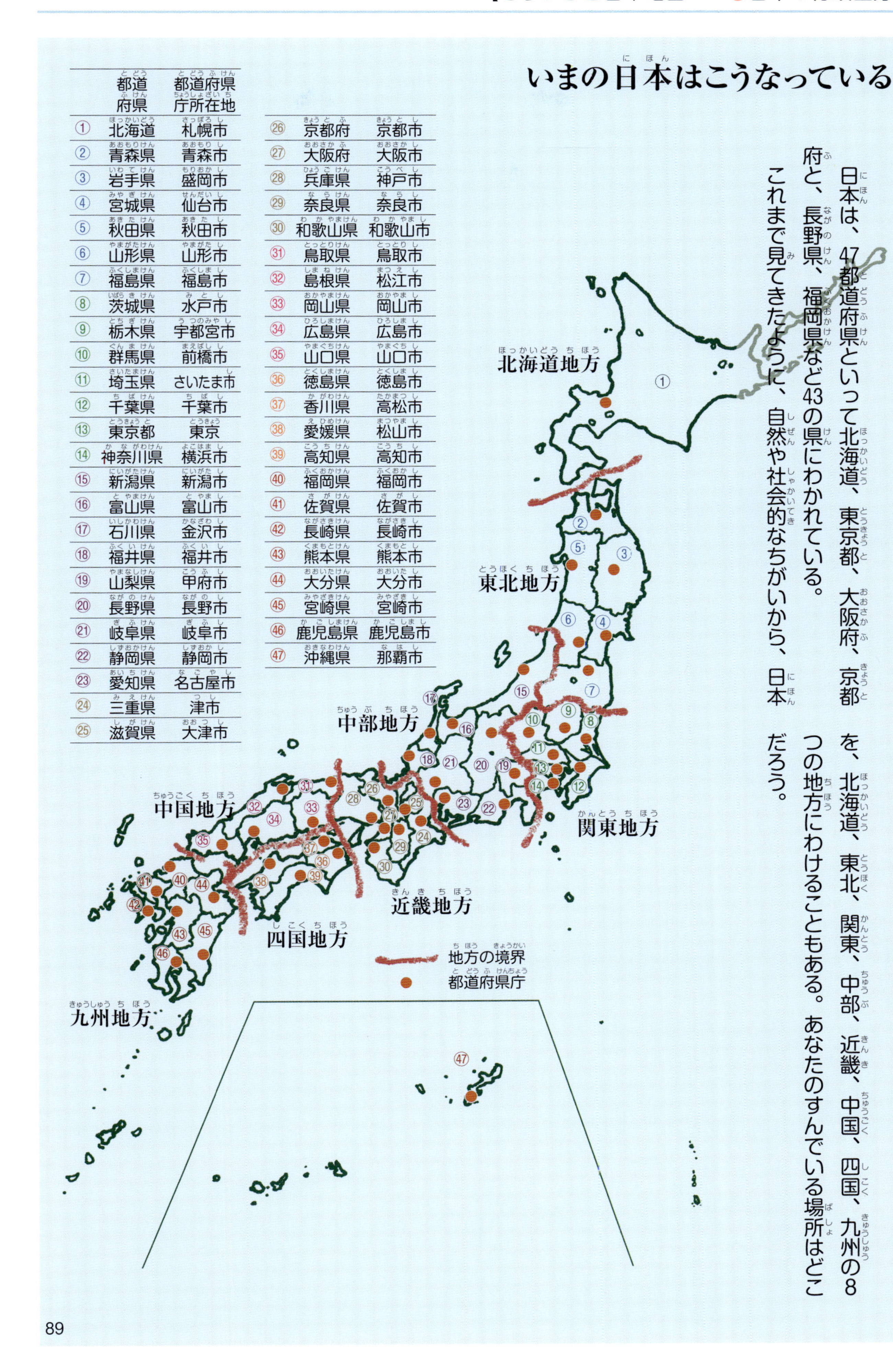

いろいろな交通手段

50年ほどまえの日本では、はたらく人や旅行する人のいどうは鉄道がほとんどで、もののいどうは船だった。

いまでは、高速道路ができ、多くの人が車をもつようになり、人やもののいどうは車にかわった。新幹線や飛行機でのいどうもふえてきている。飛行機や新幹線にのれば、あっというまに日本の各地へいけるようになった。

車でいどうする

日本各地に高速道路が走っている。東京から大阪までは、6時間くらいでいくことができる。

船でいどうする

いどうに時間はかかるが、たくさんの荷物や重い荷物をはこぶことができる。島にいくときにも利用することが多い。

新幹線でいどうする
東京から大阪（新大阪）まで2時間30分でいどうできる。東京から福岡（博多）までは5時間だ。
東京
大阪（新大阪）
福岡（博多）
飛行機でいどうする
全国には空港が90か所以上ある。北海道と沖縄県はとくに空港の数が多い。

日本全国、お雑煮じまん

お雑煮は、一年の幸運をねがって、お正月のお祝いものとして食べられる、伝統的な日本料理だ。沖縄をのぞく日本各地でお雑煮を食べる風習がある。餅のかたちやだし、具の種類などは、地方や家庭によってちがう。

香川県
あん餅を煮る＋白みそ

愛知県
角餅を煮る＋すまし汁

岩手県
角餅をやく＋すまし汁

福岡県
丸餅を煮る＋すまし汁
（丸餅をやくところもある）

京都府
丸餅を煮る＋白みそ

新潟県
角餅をやく＋すまし汁
（角餅を煮るところもある）

熊本県
丸餅を煮る＋すまし汁
（丸餅をやくところもある）

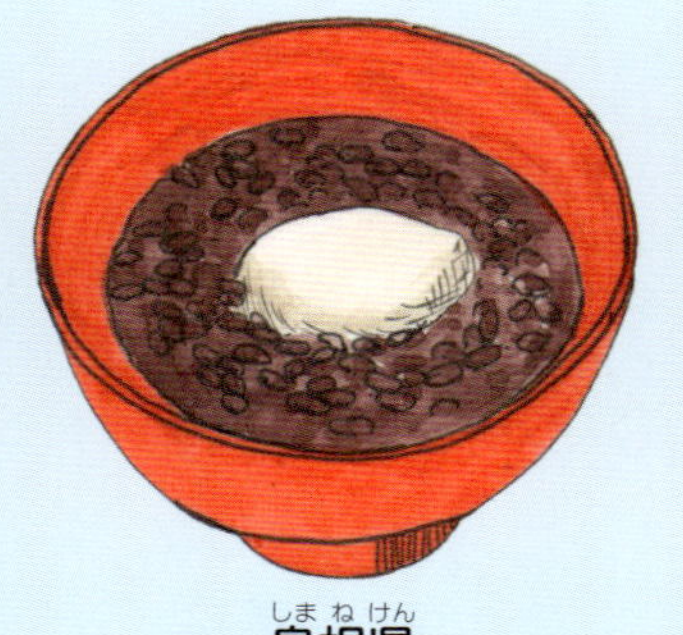

島根県
丸餅を煮る＋あずき汁

東京都
角餅をやく＋すまし汁

お雑煮の具は、その土地でとれた特産物をつかうことが多い。地域の伝統とともに、各家庭でうけつがれたしきたりも強くでるので、手本となるお雑煮はない。お手本のない伝統料理だ。

あなたのうちのお雑煮は、どんなふうだろう？

■東の角餅・西の丸餅

江戸時代、江戸には人口が集中していたので、ひとつずつ手でまるめる丸餅よりも、てっとりばやく数多くつくることができる角餅がこのまれた。京都の文化の影響をうけた西日本では、「円満」の意味をもつ縁起ものとして、むかしから丸餅がこのまれた。

■だし

だしにも、地域的なとくちょうが見られる。
関西地方のお雑煮は、ほとんどが白みそじたて。
いっぽう、東日本と近畿をのぞく西日本では、圧倒的にすまし汁じたてが多い。
出雲地方（いまの島根県）など、あずき汁のお雑煮を食べる地域もある。

日本全国、元気のでることば

方言とは、ある地域で話されていることばすべてをさす。ふだん、わたしたちが親しい人と話しているときのことばが方言ということになる。

また、おなじ地域でも、若者の方言とお年よりの方言とではかなりちがっている。

ことばは時代や地域によってどんどん変化し、うまれかわっている。方言は、だれかがつくったのではなく、その土地でくらす人たちが生活しているあいだに、自然にできたことばだと考えられる。

方言で話すと、つたわらないこともあるだろう。そこで、ニュースなどで話されていることば「共通語」が必要になってくる。日本では、だいたい東京で話されていることば（東京方言）を共通語としている。

日本各地のことばくらべ

※「ありがとう」「かわいいね」をあらわす各県のいろいろな方言のなかからひとつを紹介しています。

いろんな地域の元気ことば

方言	地域	意味
なまらいい	北海道	とてもよい
よがっぺ	福島県・茨城県	いいよ
ずくがある	長野県	意志がある
みだましい	山梨県	きちんとした
どえらい	中部地方	すごく
ぼっけー	岡山県	すごく
いいっちゃ	山口県	いいよ
がいな	四国地方	すごいな
えいね	高知県	いいね
いさぎよー	北九州	元気がいい
むしゃんよか	熊本県	かっこいい
きばる	京都府	がんばってる
ちびらーさん	沖縄県	すばらしい

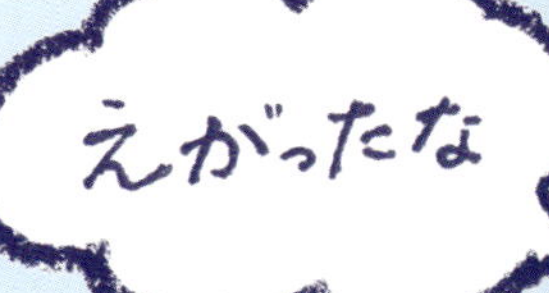

赤のフキダシ：かわいいね
青のフキダシ：ありがとう
※おなじ県内でも、場所によって方言がちがいます。

未来にひきつぐ日本の宝もの

❶法隆寺地域の仏教建造物（奈良県）（1993年）
❷姫路城（兵庫県）（1993年）
❸屋久島（鹿児島県）（1993年）
❹白神山地（青森県、秋田県）（1993年）
❺古都京都の文化財（京都府、滋賀県）（1994年）
❻白川郷・五箇山の合掌造り集落（岐阜県、富山県）（1995年）
❼原爆ドーム（広島県）（1996年）
❽厳島神社（広島県）（1996年）
❾古都奈良の文化財（奈良県）（1998年）
❿日光の社寺（栃木県）（1999年）
⓫琉球王国のグスク及び関連遺産群（沖縄県）（2000年）
⓬紀伊山地の霊場と参詣道（三重県、奈良県、和歌山県）（2004年）
⓭知床（北海道）（2005年）
⓮石見銀山遺跡とその文化的景観（島根県）（2007年）
⓯小笠原諸島（東京都）（2011年）
⓰平泉　仏国土（浄土）を表す建築・庭園及び考古学的遺跡群（岩手県）（2011年）
⓱富士山　信仰の対象と芸術の源泉（静岡県、山梨県）（2013年）
⓲富岡製糸場と絹産業遺産群（群馬県）（2014年）
⓳明治日本の産業革命遺産　製鉄・製鋼、造船、石炭産業（岩手県、静岡県、山口県、福岡県、熊本県、佐賀県、長崎県、鹿児島県）（2015年）
⓴ル・コルビュジエの建築作品　国立西洋美術館（東京都）（2016年）

※赤の丸数字は文化遺産　緑の丸数字は自然遺産
※うしろの年は、世界遺産に登録された年
※⓳「明治日本の産業革命遺産」については、40ページを見てください

2 世界を旅しよう

大地／コブリー

こんにちは、ぼくは大地。
ラクダのコブリーは、ぼくの旅の相棒です。
ぼくはいま、世界の国ぐにを研究ちゅうなんだ。
きみがいってみたい国は、どこ？
どんな場所でも、コブリーがつれていってくれるよ。
もちろん、ぼくもいっしょにね！

「大陸」と「州」

これが、世界地図だ。じーっとながめてみよう。どんなことに気がつくかな？

上が北、下が南だ。北のほうに、陸地が多くひろがっている。海と陸との面積をくらべてみると、海が71パーセント、陸が29パーセント。海のほうが、陸の2倍以上もひろい。

世界は6つの大きな陸地（大陸）でなりたっている。人がすんでいる「州」というわけかたでも、6つの州にわかれている。

むかし、ドイツのアルフレッド・ウェゲナーという学者がおもしろいことに気づいた。南アメリカ大陸の東半分が大西洋にでっぱっていて、反対にアフリカ大陸の西半分がへこんでいる。ふたつの大陸をあわせたら、ぴったりくっつくのではないかという発見だ。日本がまんなかにある地図だとわかりにくいが、地球儀で見てみるとよくわかる。

おなじように日本列島のかたちも、よく見るとユーラシア大陸からちぎれて4つの大きな島になったようだ。いまは日本海がはさまって大陸からはなれているけれど、もともとはくっついていたらしい。

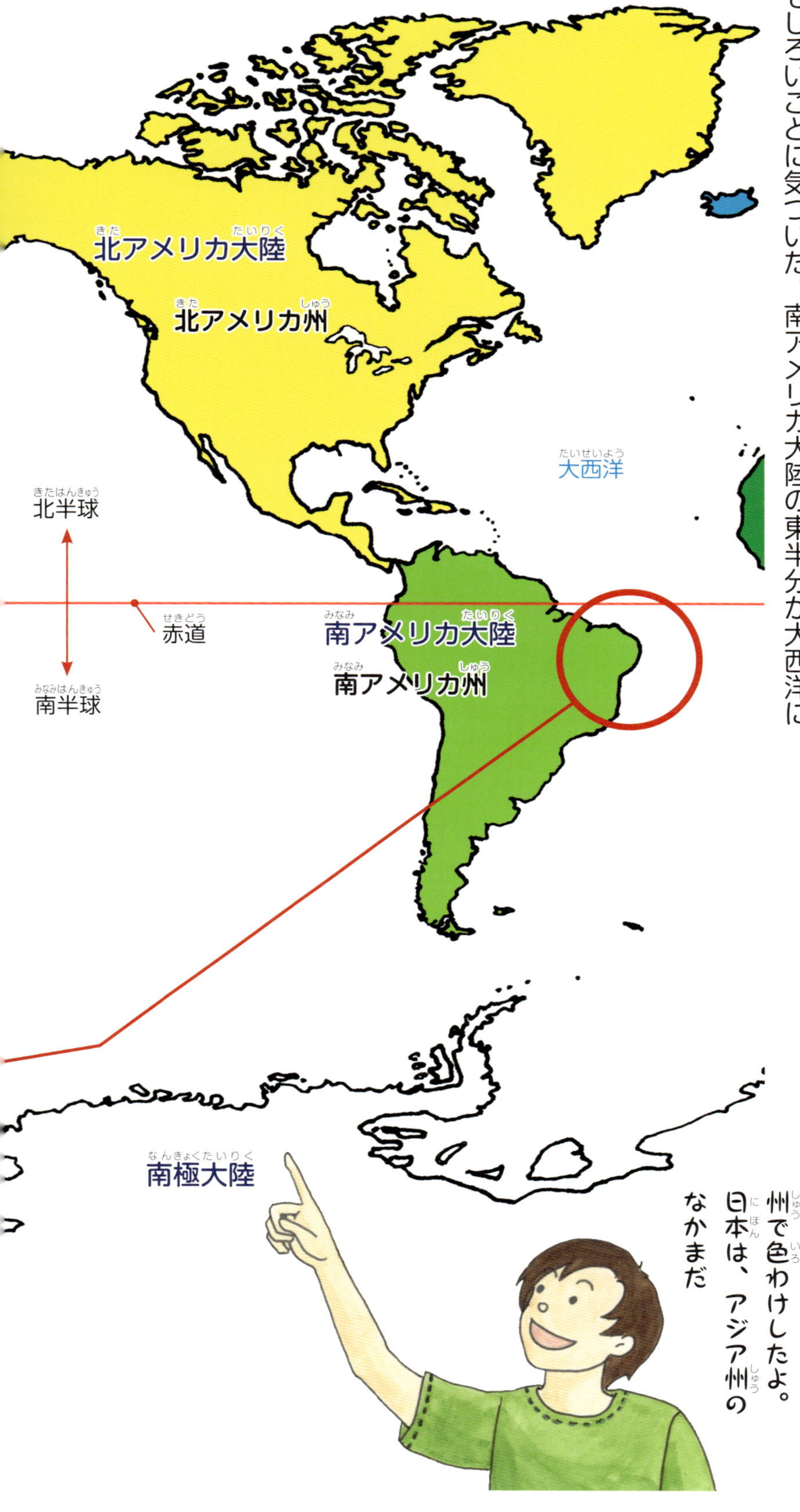

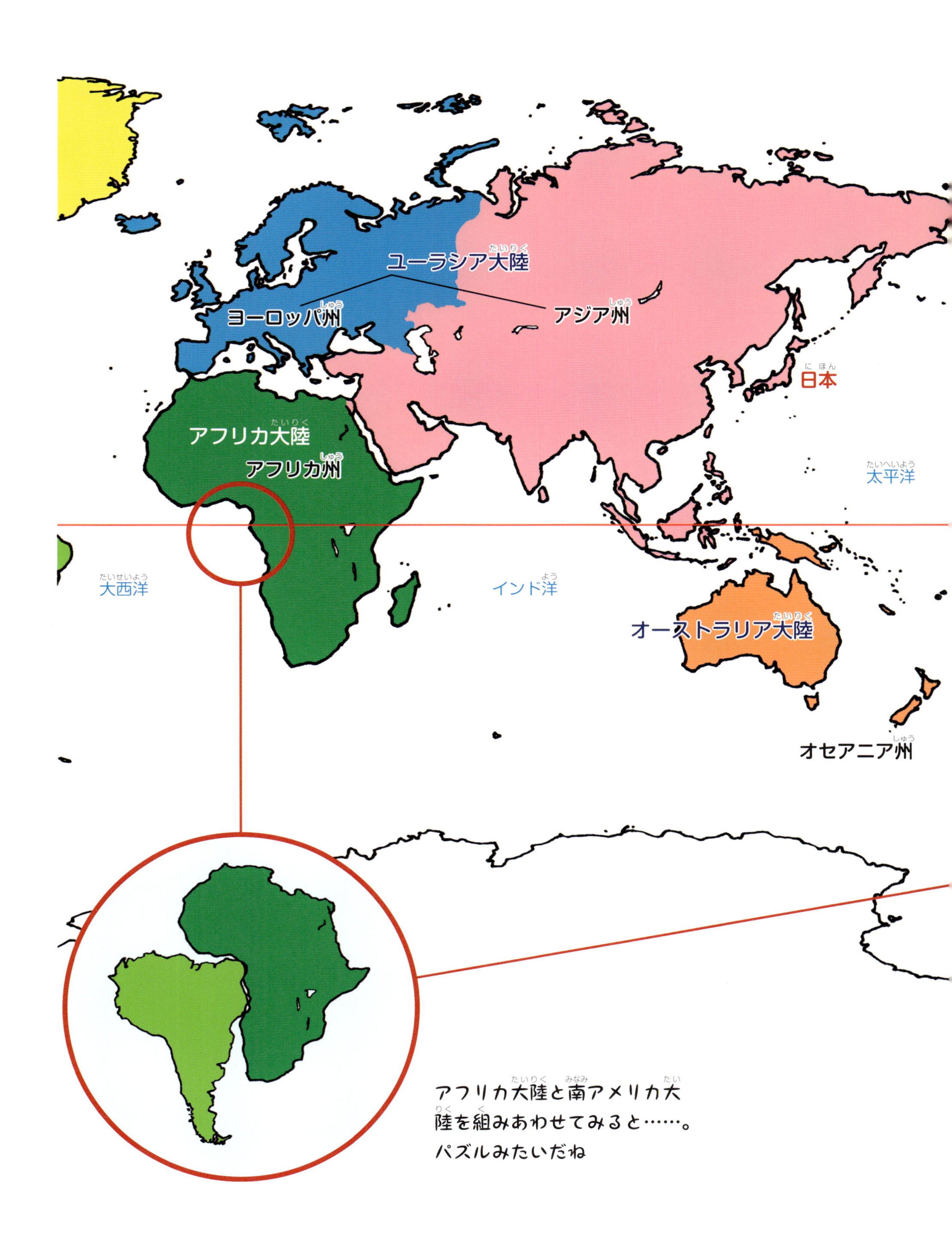
ユーラシア大陸
ヨーロッパ州
アジア州
日本
アフリカ大陸
アフリカ州
太平洋
大西洋
インド洋
オーストラリア大陸
オセアニア州
アフリカ大陸と南アメリカ大陸を組みあわせてみると……。
パズルみたいだね

世界がいまのかたちになるまで

むかしの世界は、いまとはちがったかたちだった。大きな三角のかたちをしているインドは、恐竜が絶滅するよりもずっとむかしには、もっと南の海にあった。そこから少しずつ北に動いてきて、ユーラシア大陸にぶつかってくっついたそうだ。インドが南のほうからぶつかってきたから、ぐーっとおされて、北がわにヒマラヤの山脈ができたらしい。

世界って、いろいろなかたちをしているけれど、大陸という地面の上で人間のくらしがなりたつようになり、場所によっていろいろなちがいがうまれた。

場所によって雨の多さや気温がちがうことが、そこにはえる植物のちがいにつながり、それを食べる動物も、たくさんの種類のものがうまれた。人間の誕生も、そうしたつながりのなかでうまれたことだ。

動く大陸のようす

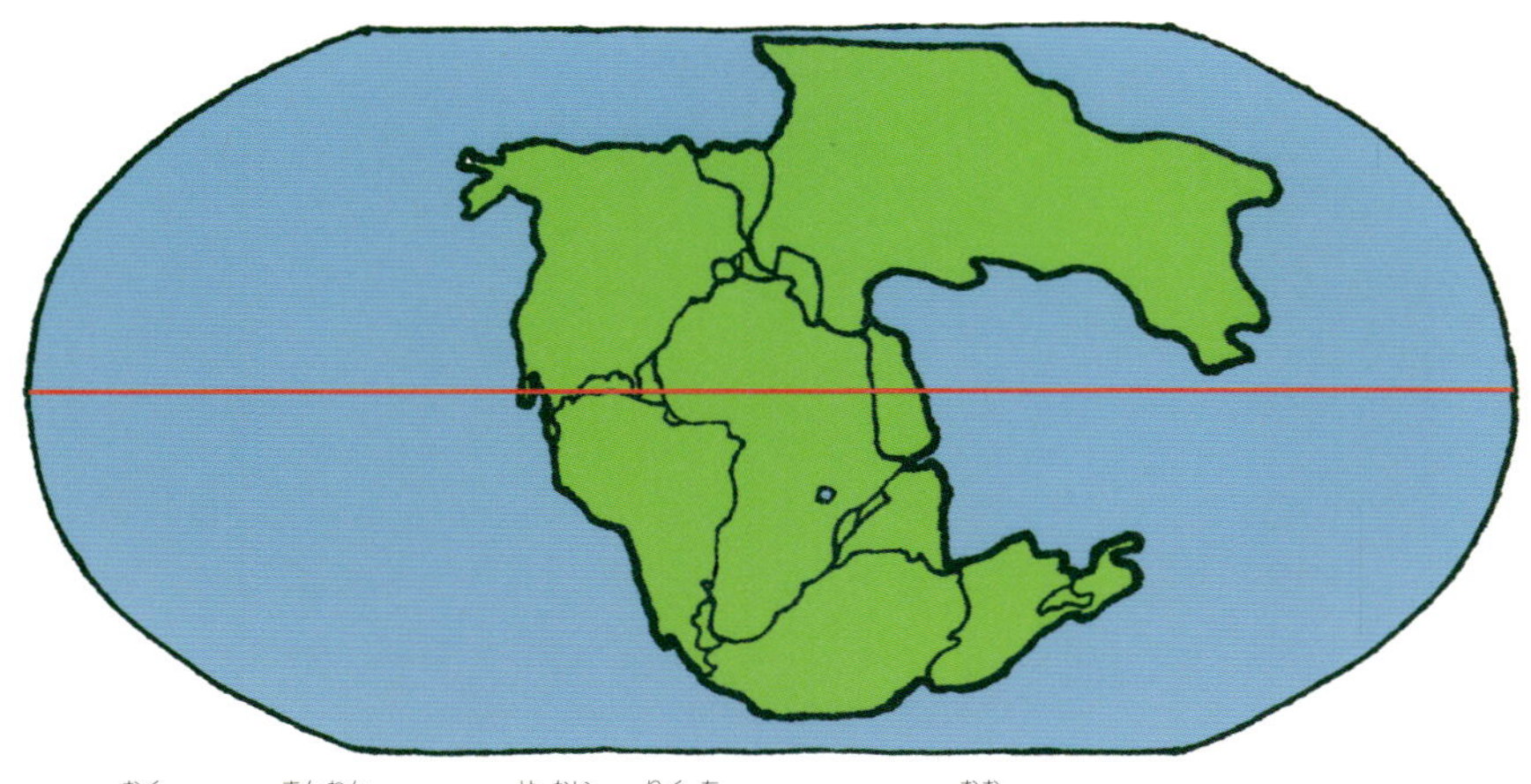

2億2000万年まえの世界。陸地はひとつの大きなかたまりだった。この大陸は「パンゲア」とよばれている。

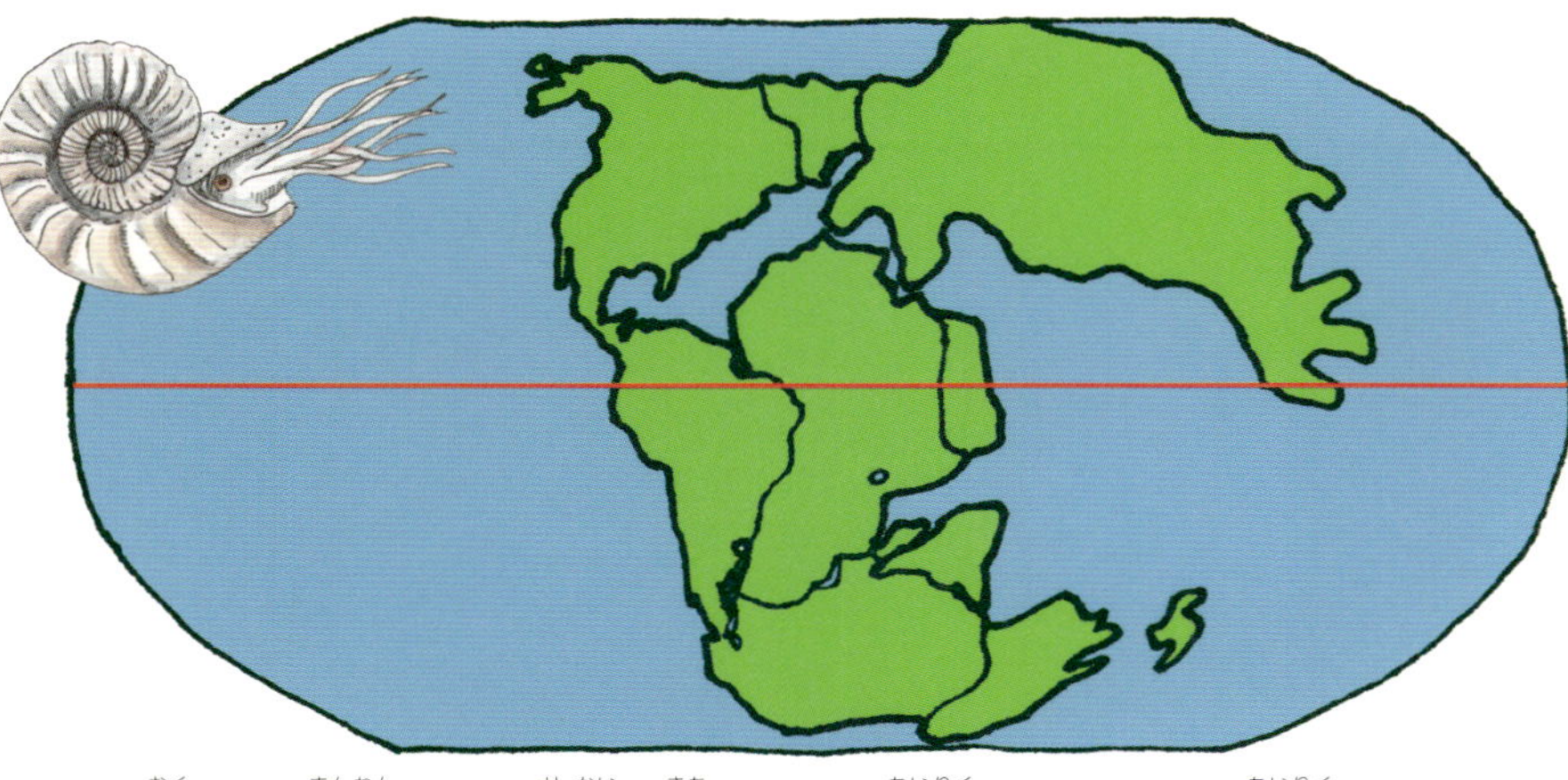

1億2000万年まえの世界。北アメリカ大陸・ユーラシア大陸と、それ以外の「ゴンドワナ」という大陸にわかれた。

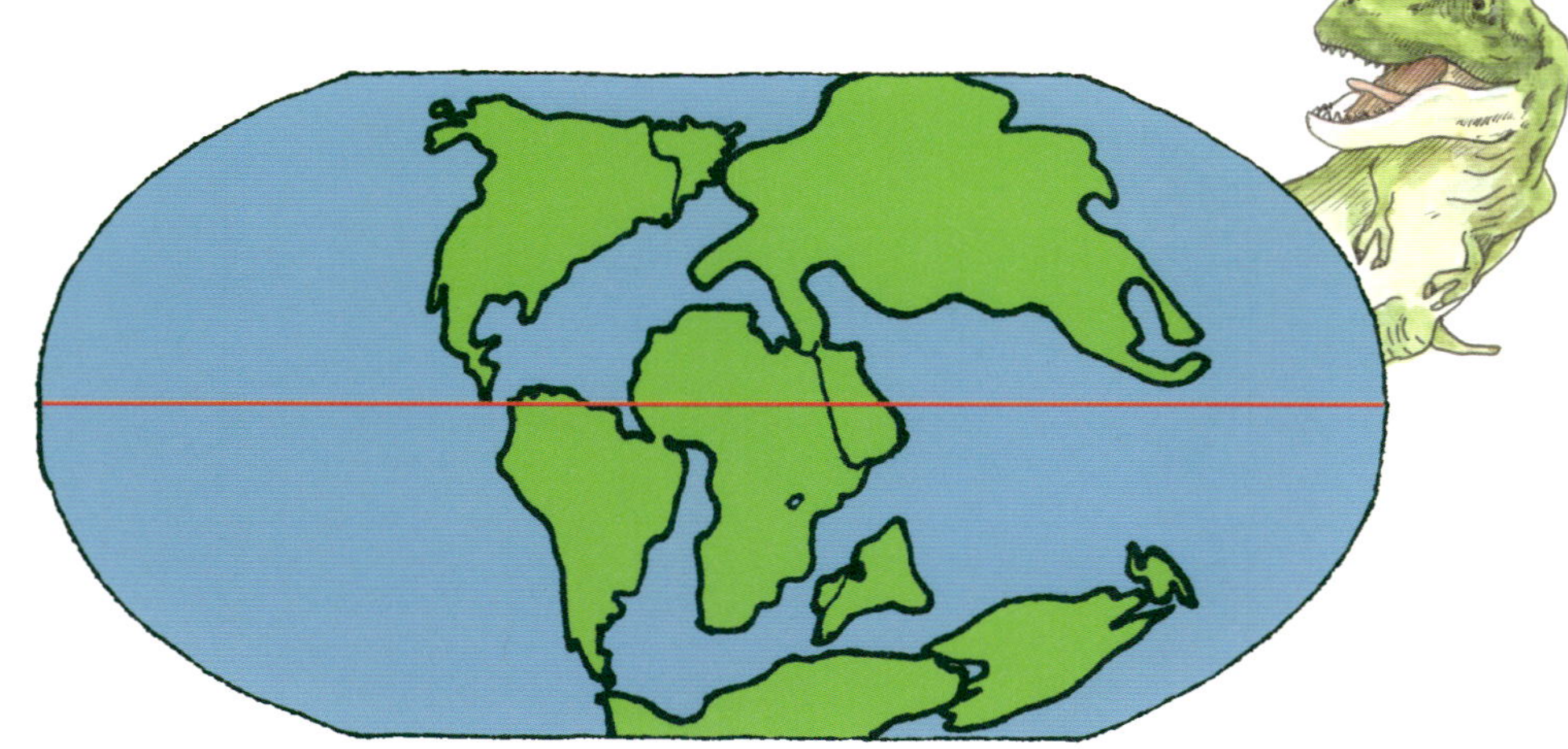

1億年まえの世界。地球の自転の力やマントルという地球の内部の動きで、大陸がはなればなれになりはじめた。太平洋以外の海はまだせまい。

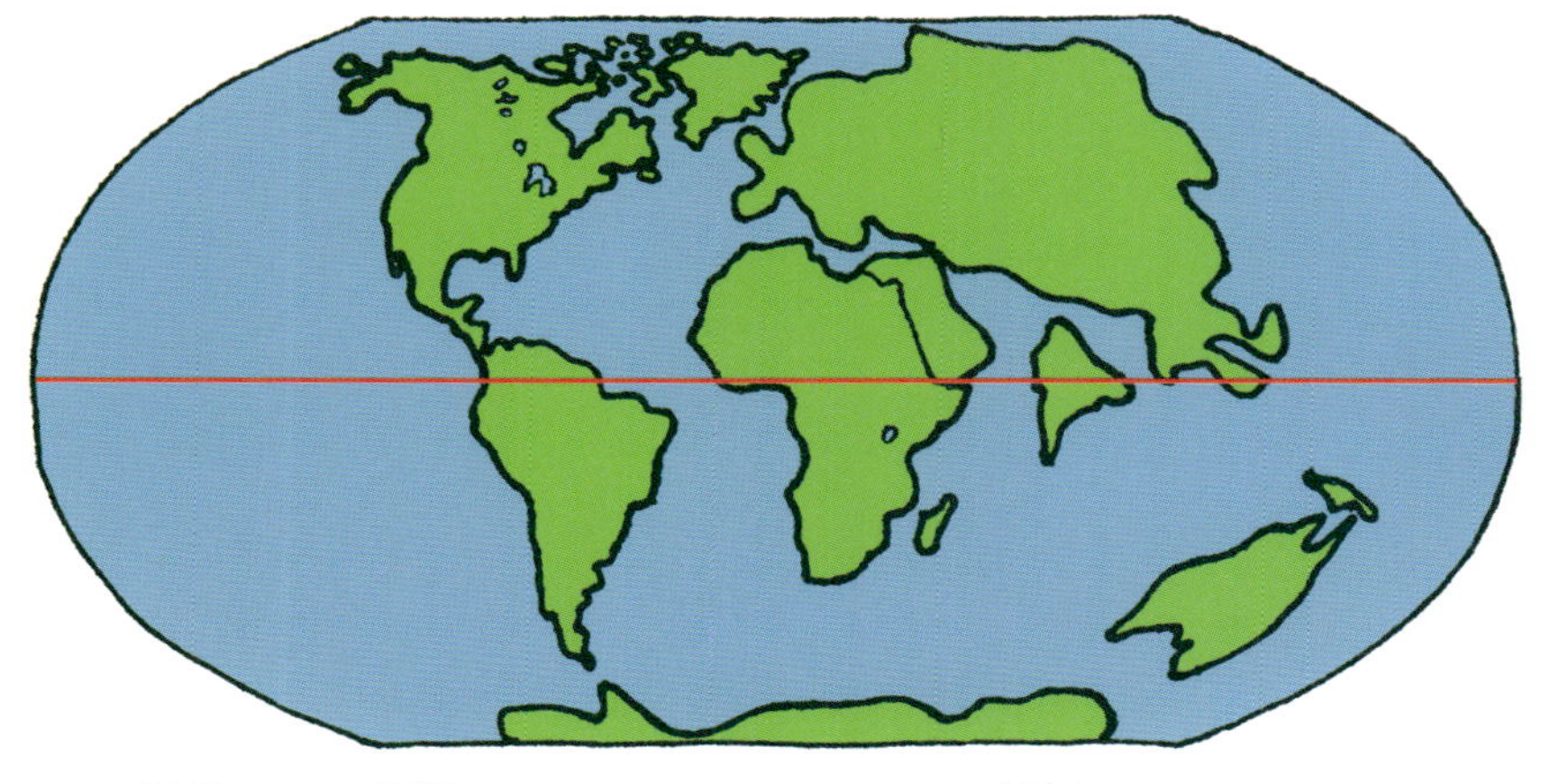

だんだん、知ってるかたちに
なってきたよ

5000万年まえの世界。インドはまだユーラシア大陸とぶつかっていない。日本もまだ大陸のなかにはいったまま。

右のはじっこにあるのが、
日本だね！

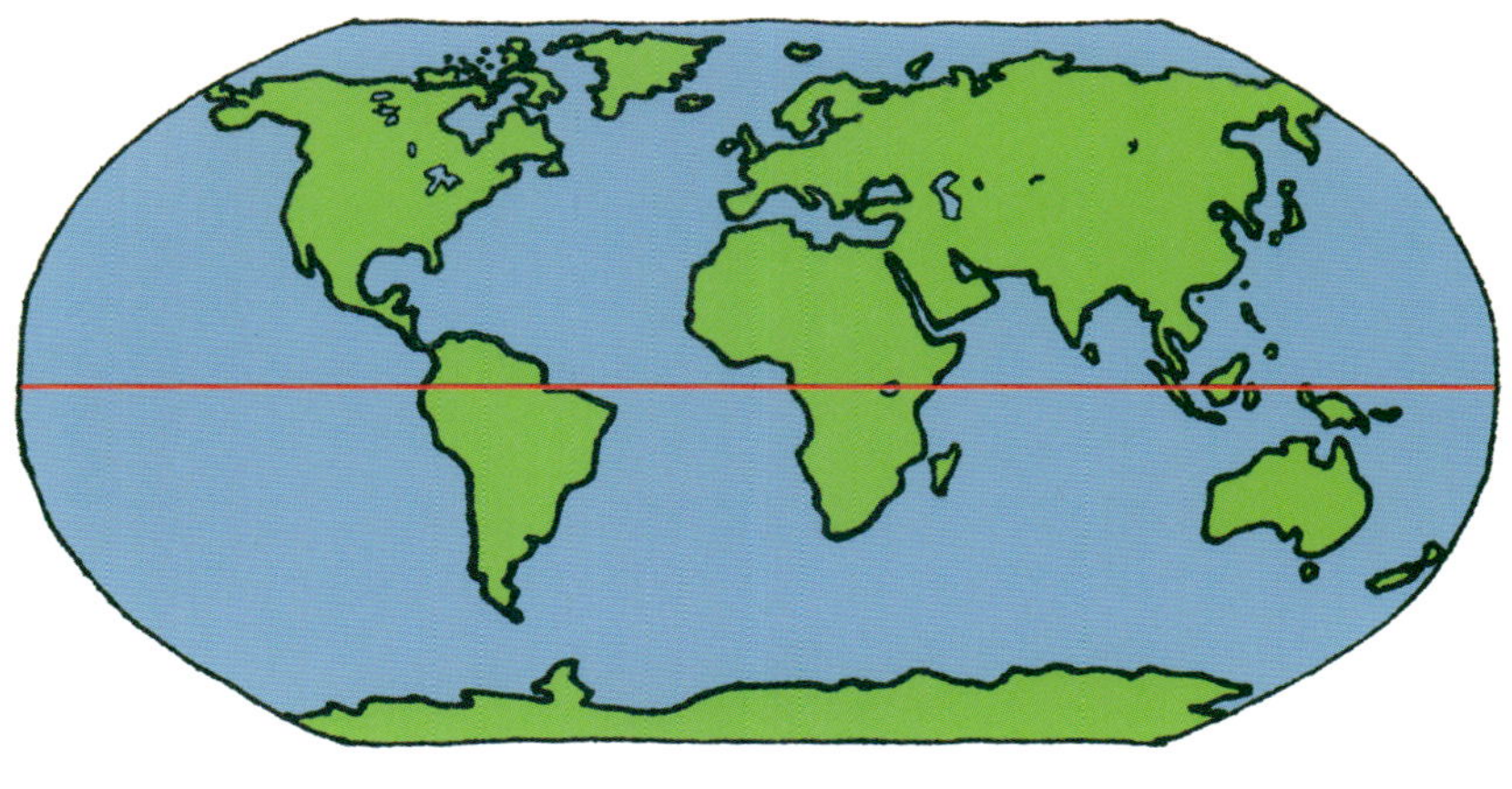

現在の世界。大西洋やインド洋もひろがり、6つの大陸ができた。赤道よりも北がわに、ひろい大陸が多い。

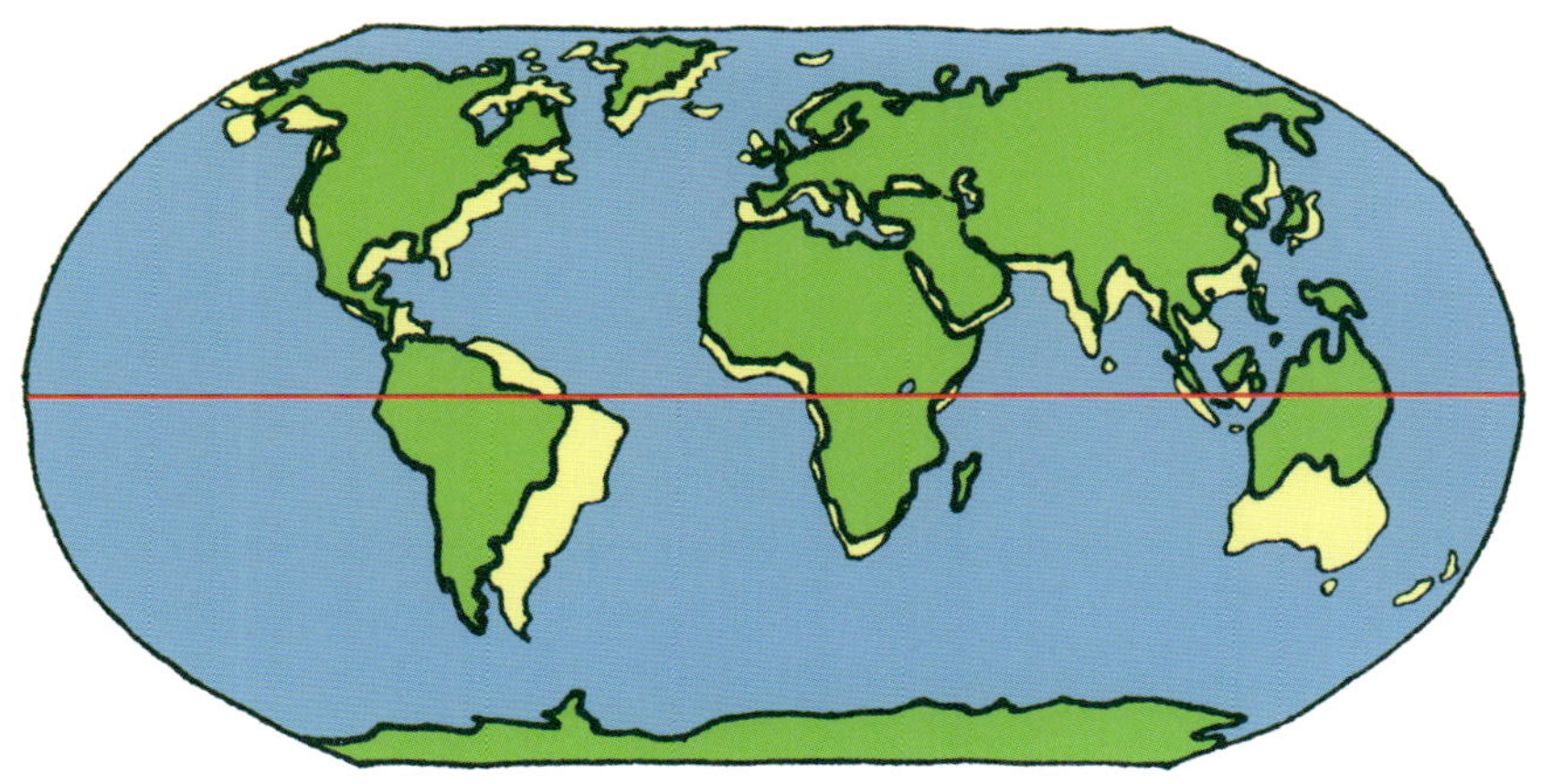

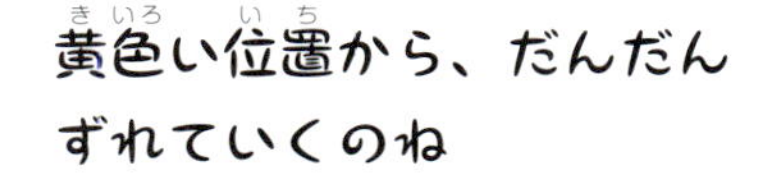

5000万年後の世界の想像図。南アメリカ大陸はアフリカからもっとはなれていき、インドやオーストラリア大陸が北にあがってくる。

世界の地形を見てみよう

地図の茶色い部分は標高の高いところ、緑色の部分は低いところだ。

世界の山の高さベスト3

❶	1位	エベレスト山	8848m
❷	2位	K2	8611m
❸	3位	カンチェンジュンガ山	8586m

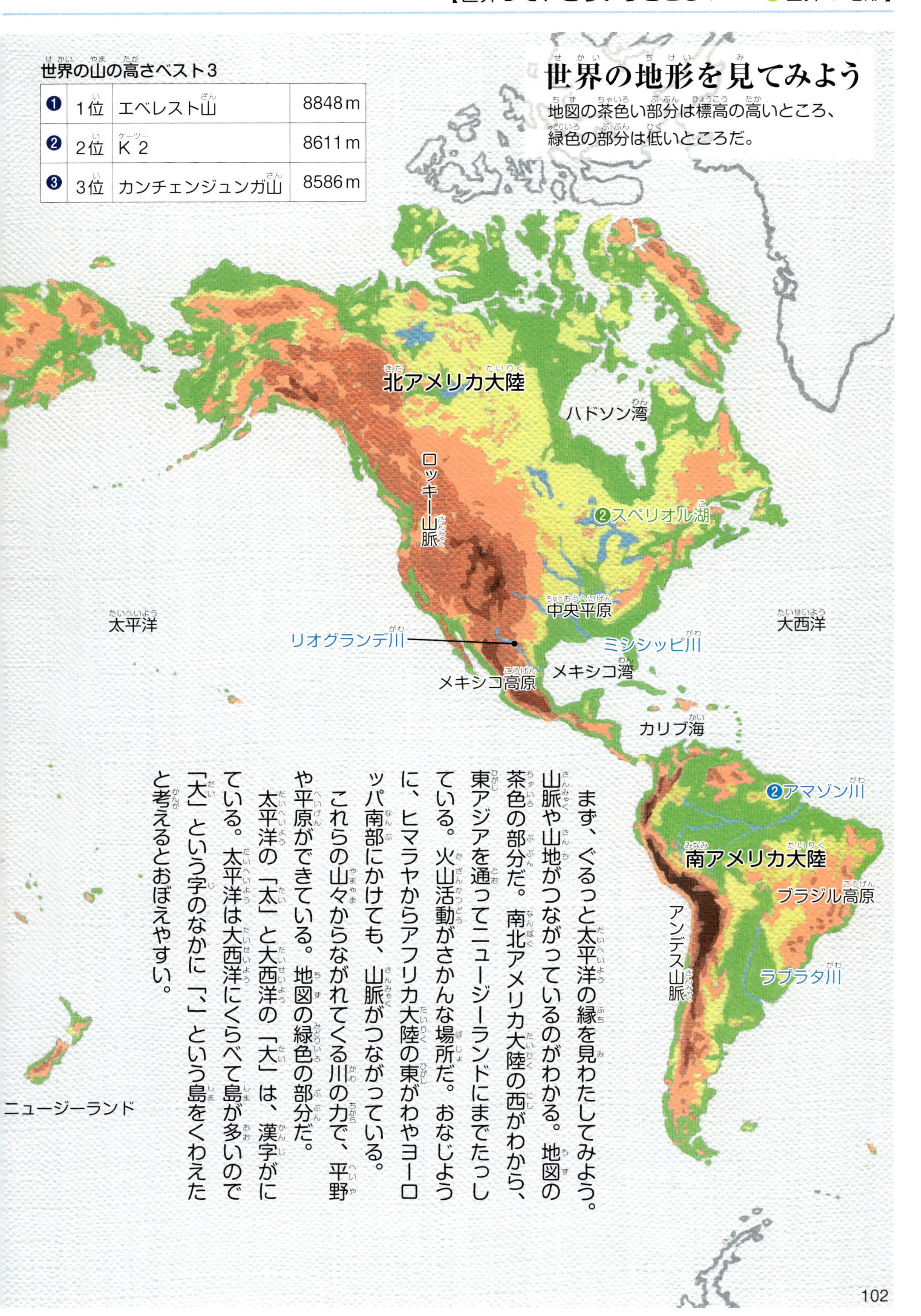

まず、ぐるっと太平洋の縁を見わたしてみよう。山脈や山地がつながっているのがわかる。地図の茶色の部分だ。南北アメリカ大陸の西がわから、東アジアを通ってニュージーランドにまでたっしている。火山活動がさかんな場所だ。おなじように、ヒマラヤからアフリカ大陸の東がわやヨーロッパ南部にかけても、山脈がつながっている。

これらの山々からながれてくる川の力で、平野や平原ができている。地図の緑色の部分だ。

太平洋の「太」と大西洋の「大」は、漢字がにている。太平洋は大西洋にくらべて島が多いので「大」という字のなかに「丶」という島をくわえたと考えるとおぼえやすい。

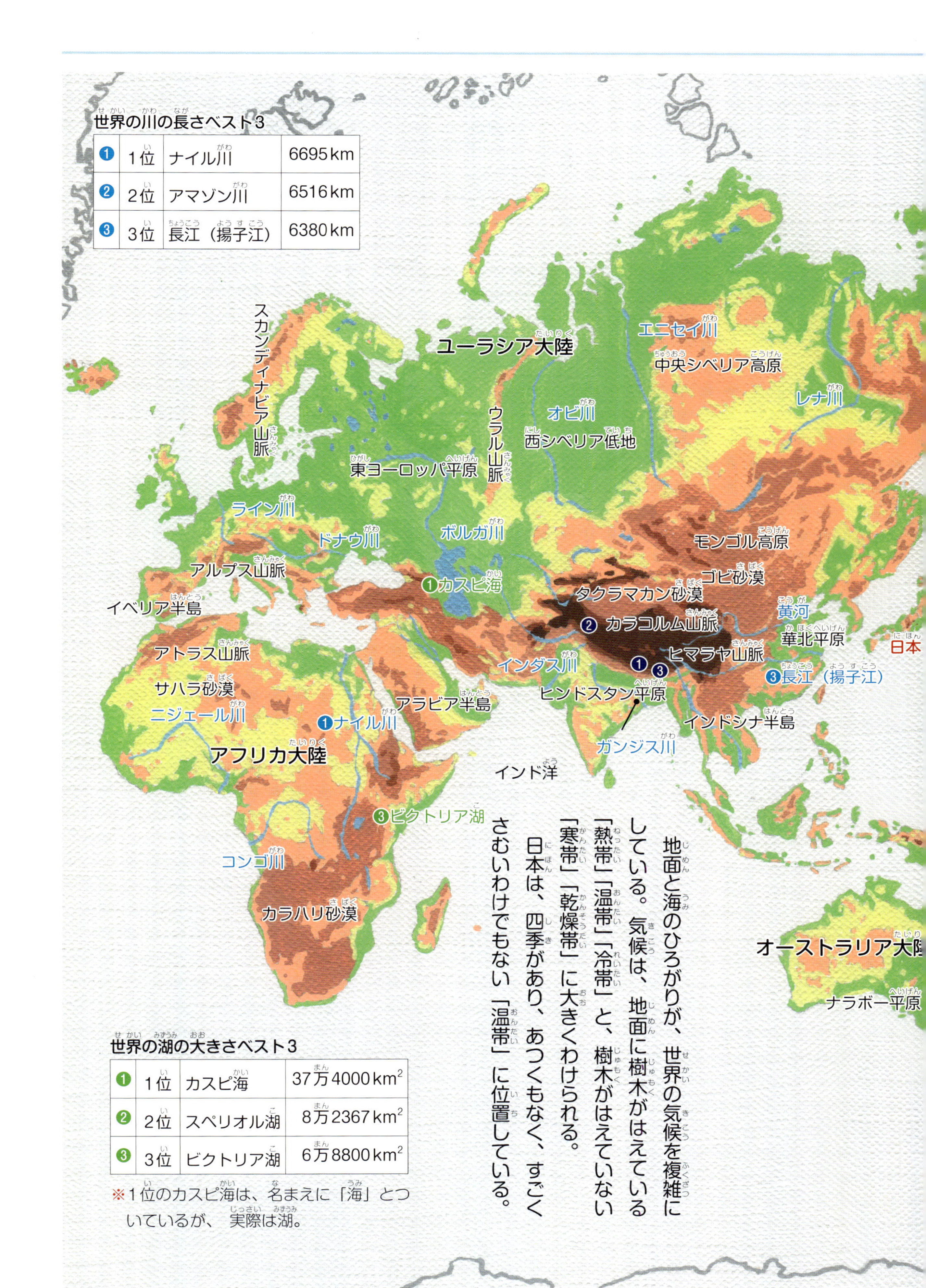

世界の川の長さベスト3

❶	1位	ナイル川	6695km
❷	2位	アマゾン川	6516km
❸	3位	長江（揚子江）	6380km

世界の湖の大きさベスト3

❶	1位	カスピ海	37万4000km^2
❷	2位	スペリオル湖	8万2367km^2
❸	3位	ビクトリア湖	6万8800km^2

※1位のカスピ海は、名まえに「海」とついているが、実際は湖。

地面と海のひろがりが、世界の気候を複雑にしている。気候は、地面に樹木がはえている「熱帯」「温帯」「冷帯」と、樹木がはえていない「寒帯」「乾燥帯」に大きくわけられる。日本は、四季があり、あつくもなく、すごくさむいわけでもない「温帯」に位置している。

気候にあったくらしの工夫

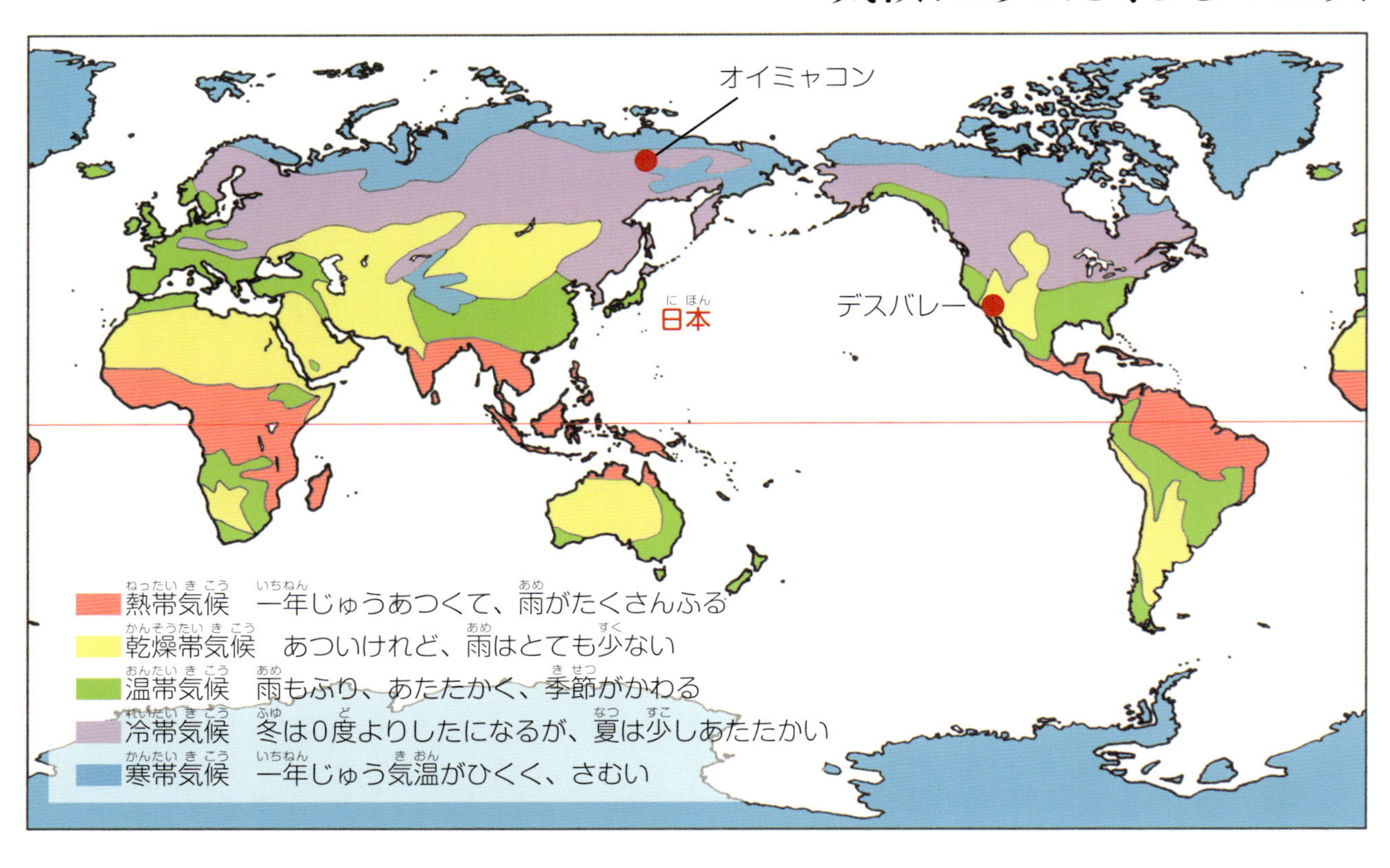

世界でいちばんあつい場所はアメリカにあるデスバレーで、１９１３年に56・7度を記録した。反対に世界でいちばんさむい場所はロシアのオイミャコンで、１９２６年にマイナス71・2度を記録した。

雨が多い土地もあれば、かわいた土地もある。世界の自然って、ほんとうに差が大きい。だから、それぞれの土地の自然をいかしたいろんなくらしかたが、いろんな国ぐにある。

着ている服を見ても、それぞれの気候にあったくらしをしていることがわかる。

アフリカ州

旅のはじまりは、アフリカ州からだ！
アフリカは、人類が最初に誕生した場所だといわれている。
どんなところなのかな？
アフリカを北から南へ旅してみよう。
まず、エジプトのピラミッド。
それから、世界でいちばん長いナイル川にそって歩いてみる。
ひろい砂漠や熱帯雨林、ビクトリアの滝も見てみたい。
アフリカ大陸の大自然をいっぱい感じてみよう。
動物もたくさん見られるといいな。

クフ王、カフラー王、メンカウラー王、
3人の王さまのお墓だ。

◆エジプト◆ カイロ

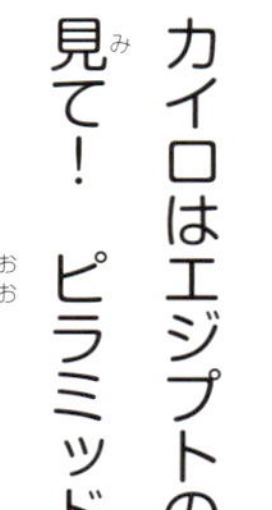

カイロはエジプトの首都だね。ほら見て！ ピラミッドが見えてきたよ。とっても大きいね。

ピラミッドは、むかしの王さまのお墓なの。そばにいるのは、スフィンクスというピラミッドの守り神よ。体は、ライオンをモデルにしているの。

ナイル川は、世界でいちばん長い川だね。エジプトは「ナイルのたまもの」といわれるけど、どうして？

むかしはよく、ナイル川から水があふれていたの。でもそのとき、栄養たっぷりの土もはこばれてきたのね。その土を利用して、エジプトの人たちは農業をしたわ。そのおかげで文明がさかえたのよ。

サハラ砂漠

◆アフリカ大陸北部◆

アフリカ大陸には、大きなサハラ砂漠が横たわっているわ。砂漠というのは、雨が少なくて乾燥した地域のことよ。アメリカ合衆国とおなじくらいの大きさがあるのよ。

砂や岩ばかりだ……。ここでまよってしまったら、歩いてきた方向すらわからなくなってしまうよ……。

サハラは、アラビア語で「なんにもない土地」という意味なの。まるで、海のようなひろさだわね。

見て！　ラクダの長い行列がいくよ。キャラバンっていうんだよね。

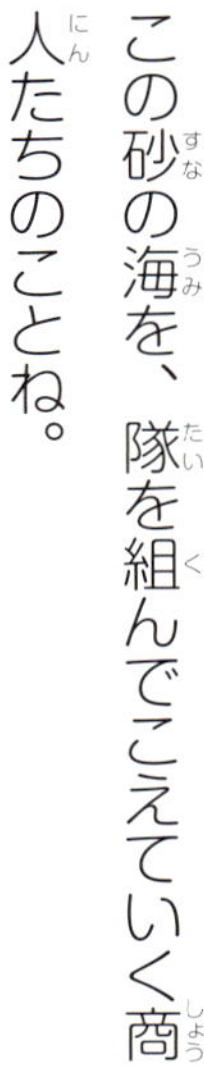

この砂の海を、隊を組んでこえていく商人たちのことね。

がんせき砂漠

砂砂漠

コンゴ川と熱帯雨林

熱帯雨林

◆コンゴ民主共和国◆

このあたりは熱帯雨林といって、一年じゅう、あつくて雨の多いところなのよ。

アフリカには、砂漠だけじゃなくて、こんなにゆたかな自然もあるんだね！

そうなのよ。でも、この熱帯雨林の木々も切りたおされて、どんどんへってきているの。

そうなんだ。見わたすかぎり、ずーっと陸地がつづいているように見えるね。あ、キリンだ！

キリンやカバ、インパラなどさまざまな野生の動物が、自由に動きまわっているわ。えさはあげちゃダメ。この大地では動物たちが主役なの。自然のままに生きる、動物たちの世界がここにはあるの。動物園とちがうわね。

キリンの親子

スイギュウの群れ

キリマンジャロ

大地が大きくさけたような
ビクトリアの滝

キリマンジャロ
◆タンザニア◆

遠くに見えるあの高い山は？

あれがアフリカでいちばん高い山、キリマンジャロ。高さ5895メートル。雪におおわれた山なの。

アフリカには高い山もあるんだね。あそこは、なに？　地面が大きくわれているぞ！

ビクトリアの滝よ。世界三大瀑布に数えられる大きな滝なの。滝の音が、かみなりの音のようね。

すごい水しぶきだ！　まるで雨がふっているみたい。アフリカの自然って、スケールが大きいなあ。のみこまれてしまいそうだ。

アフリカ地図

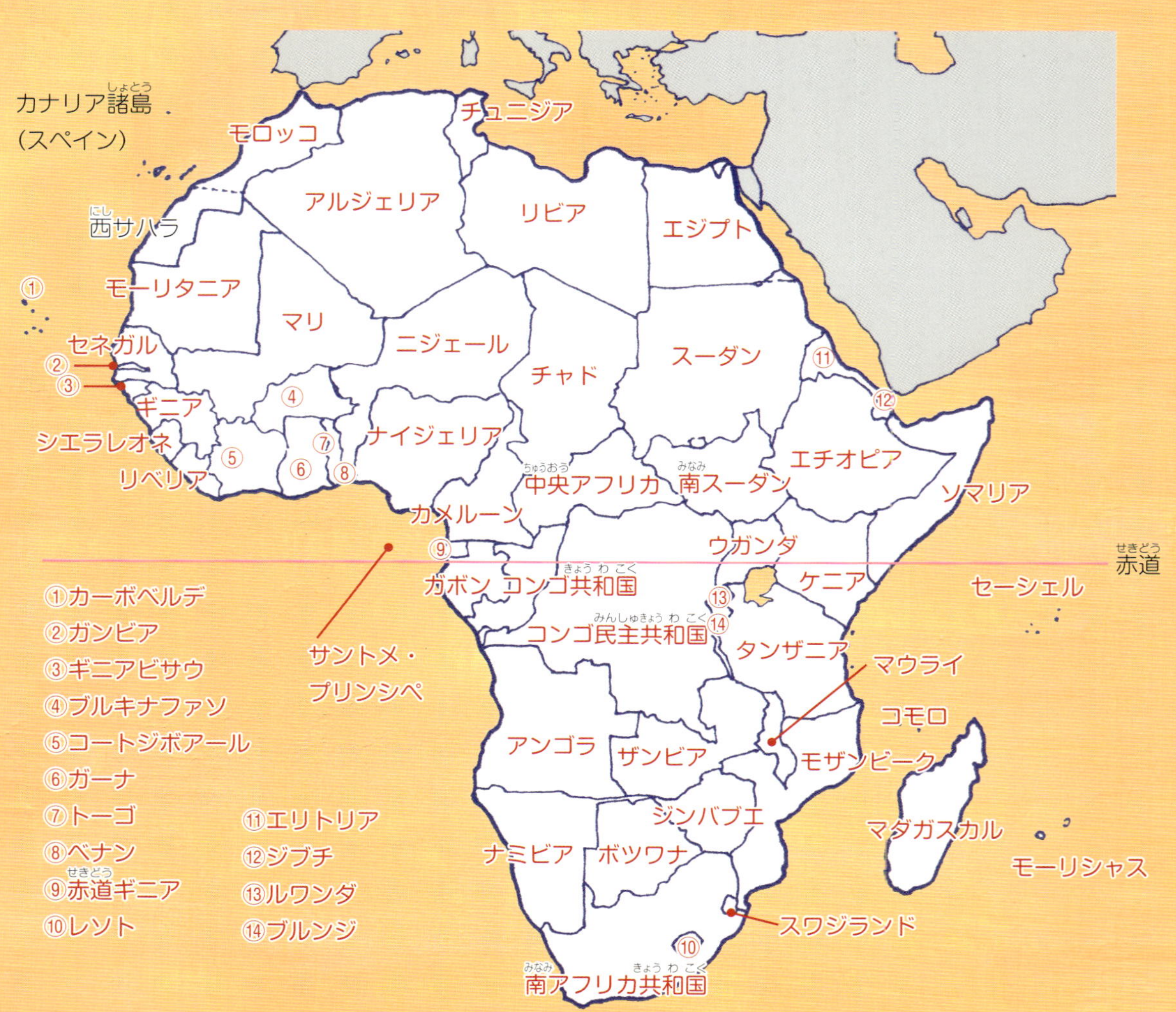

アフリカには、大小さまざまな国々がある。地図を見ると、不自然なほどにまっすぐな線で国境がひかれているのがわかるだろう。これは、むかし、ヨーロッパの国々がアフリカをおさめており、自分たちのつごうのいいように土地をわけていった歴史のあとだ。

アフリカ大陸の中心には赤道が走っている。赤道から北へ南へと移動すると、そこには熱帯雨林がひろがる地域、砂漠がひろがる地域、あたたかな気候の地域など、まったくちがったけしきが目にうつってくる。

アフリカには、経済発展がめざましく資源ゆたかな国があるいっぽうで、まずしさや伝染する病気で苦しむ国々も多い。人種や宗教のちがいなどが原因で政治が安定しておらず、内戦がつづいている国もある。

ヨーロッパ州

海をわたってヨーロッパ州にやってきた。
けしきも、アフリカとはだいぶちがうようだね。
まず、南にあるポルトガルから東のほうにむかい、
イタリアにいってみよう。
そこから、アルプス山脈をめざしてスイスまでいこう。
それから船にのって、ライン川にそって北のほうにいってみたいな。
ドイツを通りぬけて海に近づくと、そこはオランダという国だ！
オランダにはたいらな土地がひろがっているようだけど、
どんなけしきがまっているのか、楽しみだ。

樽のなかでワインができあがる。

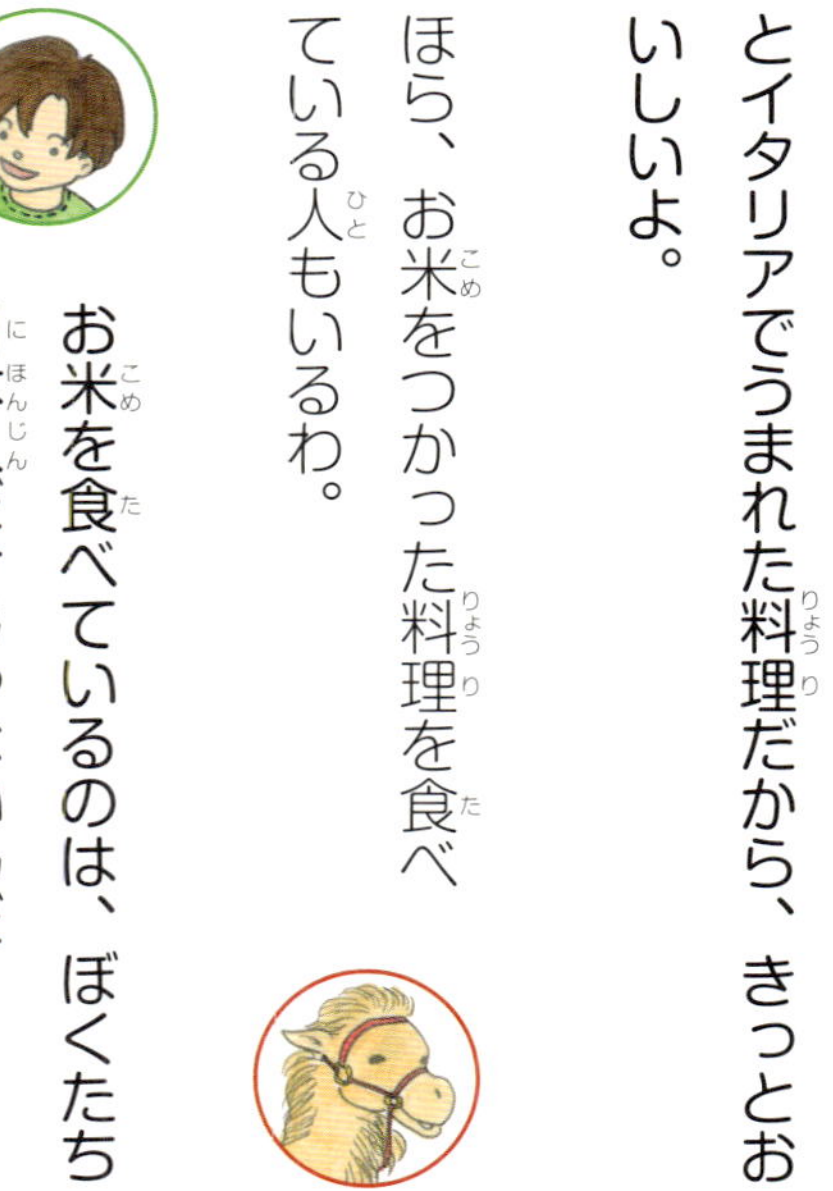

イタリア料理

◆イタリア◆

ポルトガルからスペイン、フランスを通って、イタリアについたよ。

ブドウ畑が多いわね。このブドウをつかってワインをつくるのよ。

おなかもすいたし、レストランにはいってみよう。いつも食べているスパゲッティやピザは、もともとイタリアでうまれた料理だから、きっとおいしいよ。

ほら、お米をつかった料理を食べている人もいるわ。

お米を食べているのは、ぼくたち日本人だけじゃないんだ！

マッターホルン

◆スイス◆

アルプスの山をのぼってきたけど、だいぶさむくなってきたなあ。

あそこに見えるとがった山が、マッターホルン。この美しいけしきを見るために、スイスには世界じゅうからたくさんの観光客があつまるそうよ。

下の谷のほうには牧草地がひろがっていて、牛がのんびり草を食べているね。

牛からしぼった牛乳をつかって、チーズやバターをつくるのよ。酪農っていうの。きっと、新鮮でおいしいでしょうね。

マッターホルンと牧草地

ライン川を利用して、人や荷物が行き来する。

ケルン大聖堂

ライン川

◆ドイツ◆

ライン川には荷物をつんだ船が行き来しているね。遊覧船にのってみよう。

ヨーロッパでは、むかしから川や運河を利用して、船で荷物や人をはこんできたそうよ。船を見はるための古いお城もたくさんあるのよ。

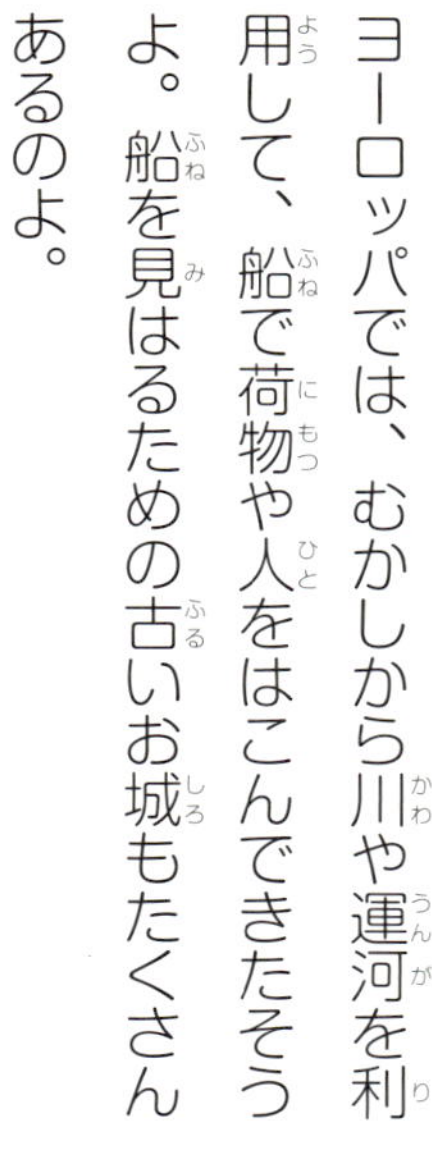

大きくてりっぱな教会が見えてきた。あの街が、ドイツのケルンだよね。

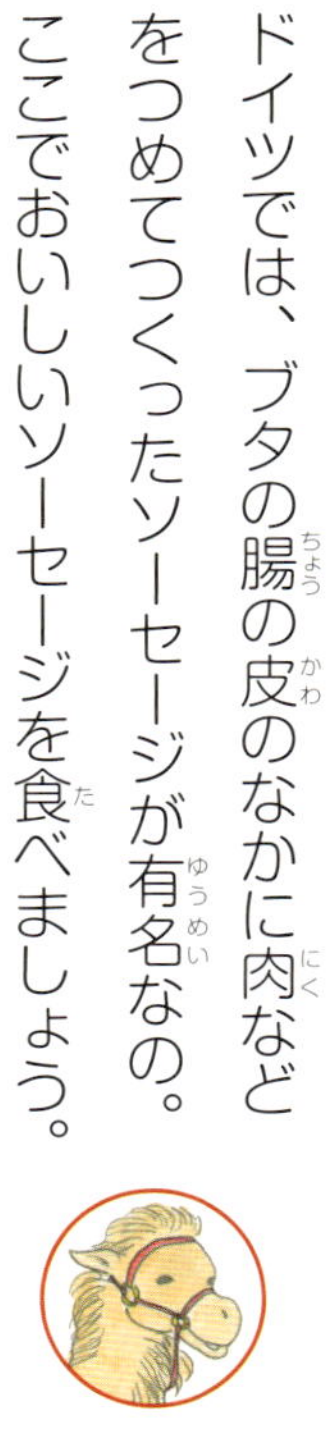

ドイツでは、ブタの腸の皮のなかに肉などをつめてつくったソーセージが有名なの。ここでおいしいソーセージを食べましょう。

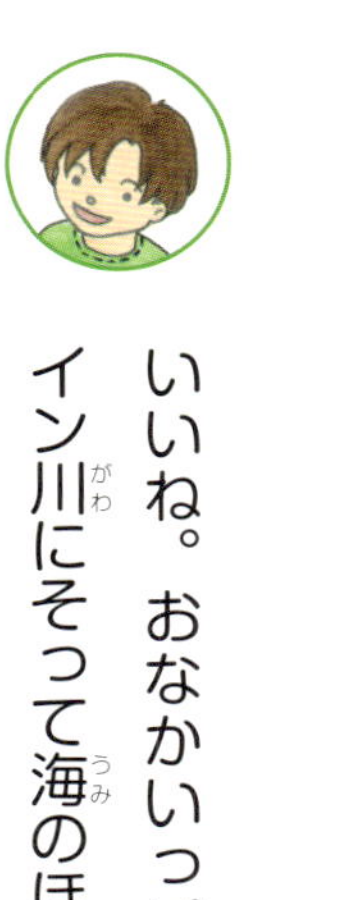

いいね。おなかいっぱいになったら、ライン川にそって海のほうまでいこうよ。

ドイツのソーセージ

オランダの風車とチューリップ畑

◆オランダ◆

風車

海に近づいてくると、ひろくてたいらな土地がつづくようになってきたね。ここがオランダか。あっ、風車がある！

オランダは、国土の4分の1が海よりひくいの。風車の力をつかって水をぬいて、むかし海だったところを牧場や畑として利用しているのよ。すごいでしょ。

うわあ！ チューリップがあんなにたくさんさいているよ。

オランダのチューリップ畑でとれた球根は、日本にもたくさん輸出されているのよ。

ヨーロッパ地図

ヨーロッパにはたくさんの国があつまっている。けれど、地図をよく見ると、日本より大きな国は少なくて、小さい国ばかりだ。

ヨーロッパのまんなかには、アルプス山脈という高い山々がある。その南がわは雨が少なくてあたたかいところが多く、北がわには夏でもすずしいところが多い。

また、ヨーロッパでは、おなじ国のなかでもいくつかのことばが話されていることが多く、国じゅうどこでも日本語がつうじる日本とは、だいぶようすがちがう。

長い歴史をもつ国が多く、石づくりの教会など古くてりっぱな建物がのこっているので、世界じゅうから観光客がおとずれる。

北アメリカ州

北アメリカ州にやってきた。
まず最初に、
カナダのイエローナイフでオーロラを見て、
それからアメリカ合衆国の
ニューヨークへいってみようか。
高いビルがたくさんならんでいるだろうな。
ブロードウェイでミュージカルも見たいな。
つぎにパナマへいって、
パナマ運河を船でわたってみよう。
イエローナイフは夏でもすずしいけれど、
パナマは一年じゅうあついんだよ。

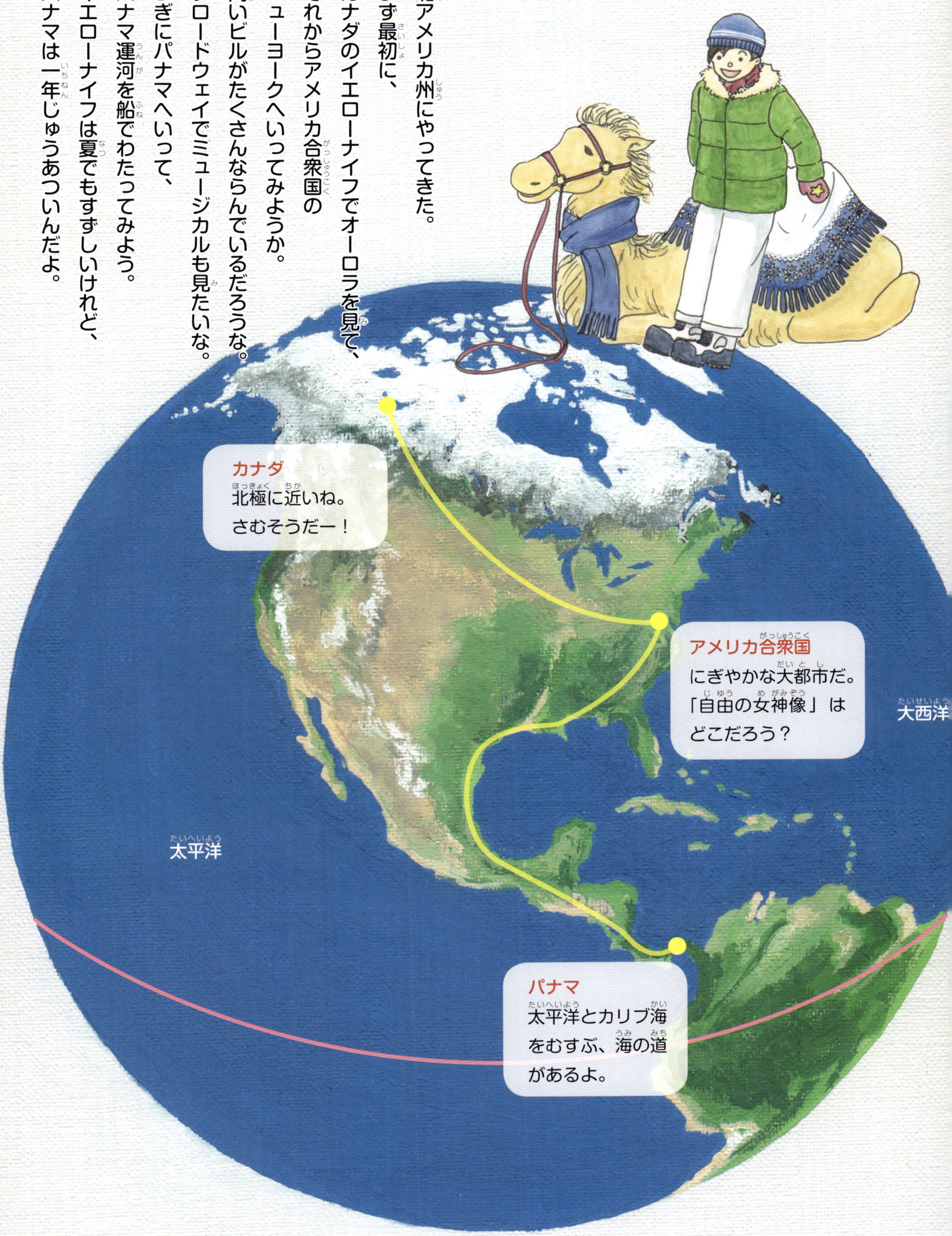

カナダ
北極に近いね。
さむそうだー！

アメリカ合衆国
にぎやかな大都市だ。
「自由の女神像」は
どこだろう？

大西洋

太平洋

パナマ
太平洋とカリブ海
をむすぶ、海の道
があるよ。

イエローナイフ
◆カナダ◆

イエローナイフは、カナダの北部、グレートスレーブ湖の近くにある街で、きれいなオーロラが見られることで有名なの。

オーロラって、空からおりてくるきれいな光のカーテンみたい。

そうよ。実際には、地上から100~500キロメートルはなれた「宇宙」で酸素や窒素が光っているのを、地上から見ているの。

イエローキャブ

ハンバーガー

自由の女神像と摩天楼

ニューヨーク

◆アメリカ合衆国◆

「摩天楼」ということばを知ってる? 高いビルのことよ。ニューヨークは、摩天楼の街なの。

ニューヨークを観光するときには、ラクダよりもタクシーのほうが便利だね。ニューヨークのタクシーはイエローキャブとよばれてるのか。車体が黄色でめだつから、すぐ見つかるよ。

ニューヨークには、ビジネスで有名なウォールストリート、ミュージカルで有名なブロードウェイ、ショッピングで有名な五番街などがあるわ。自由の女神像も有名よ。ニューヨークには、世界各国から人びとがあつまってくるの。だから、世界じゅうの食べものを味わうこともできる。アメリカの食べもので有名なのは、ステーキやハンバーガーかしら。

なんか、おなかがすいてきた!

ブロードウェイ

ウォールストリート

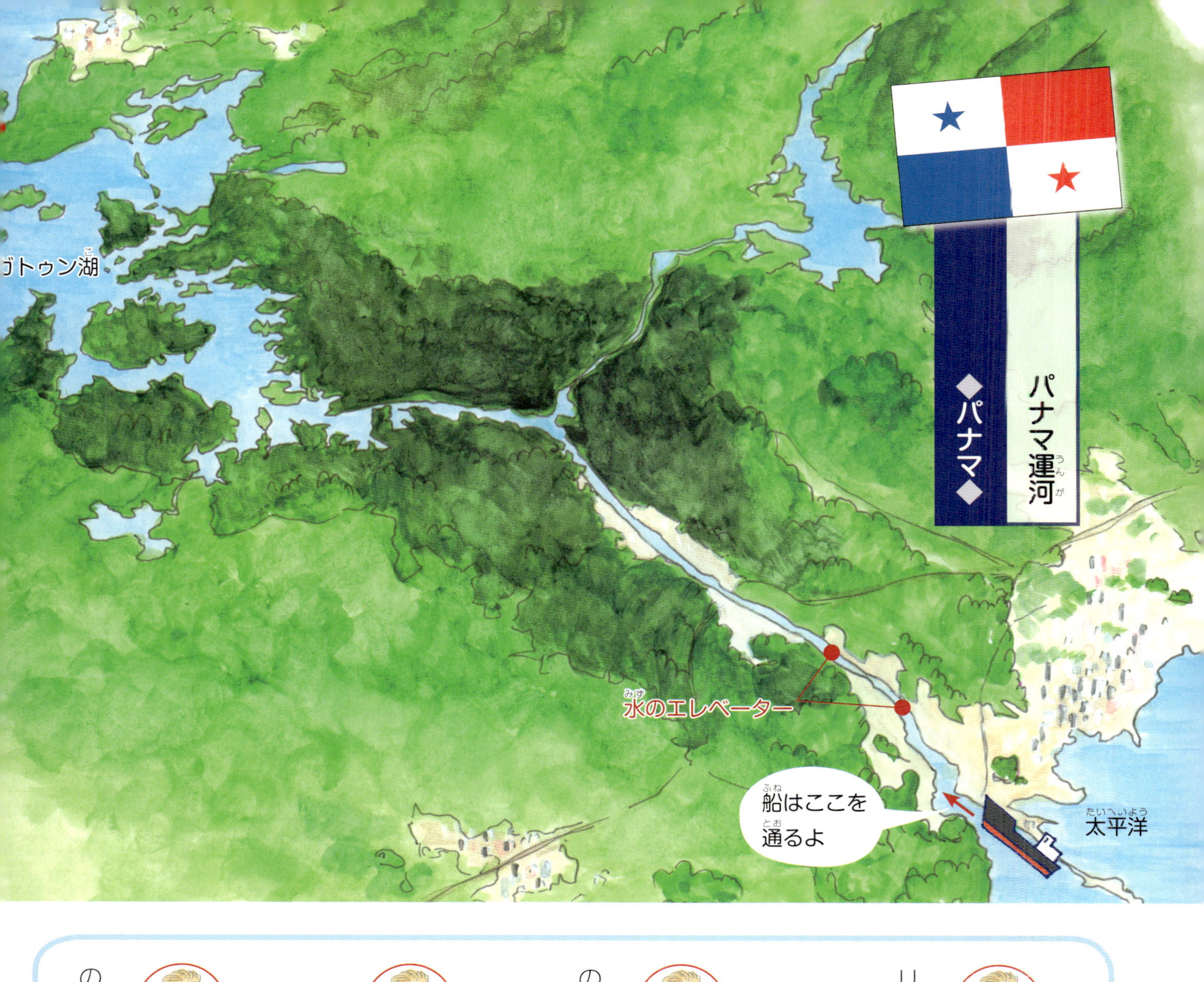

パナマ運河は、太平洋と大西洋をむすぶ全長約80キロメートルの、人がつくった船の通り道よ。この運河がなかったら、南アメリカのいちばん南はじをまわらなくちゃならないの。

うわっ、それは遠まわりだね!

だから、パナマ運河のおかげで太平洋がわと大西洋がわがとても近くなったの。とちゅう、この運河は海面から20メートル以上の高さにあるガトゥン湖を通過するの。

どうやって?

「水のエレベーター」よ。

ええ〜っ!?

船が水の高さのちがうところを通るときには、大きな水そうに船をいれて、水の高さを調節しながら船を上にあげて、運河を通行させるの。このような運河を「閘門式」運河っていうのよ。

水のエレベーターのしくみ

水そうにはいると、うしろの水門がとじる。

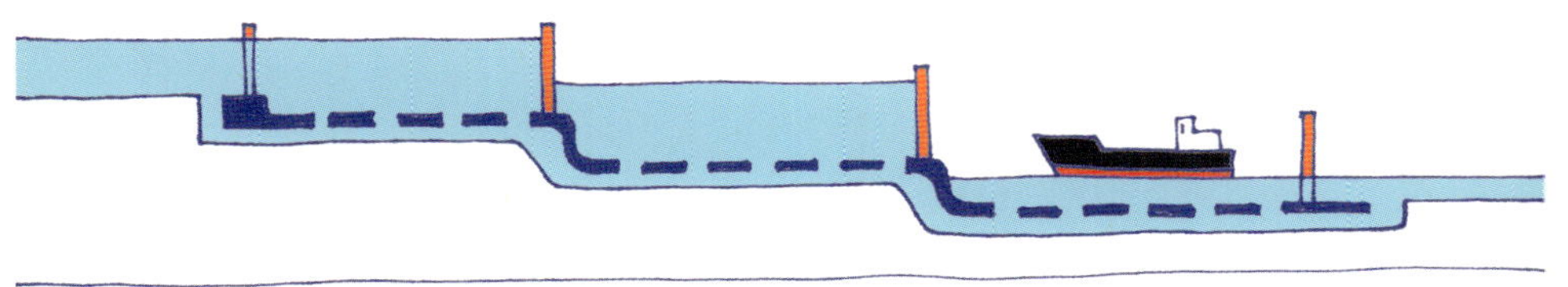

水位がじょじょにあがる。

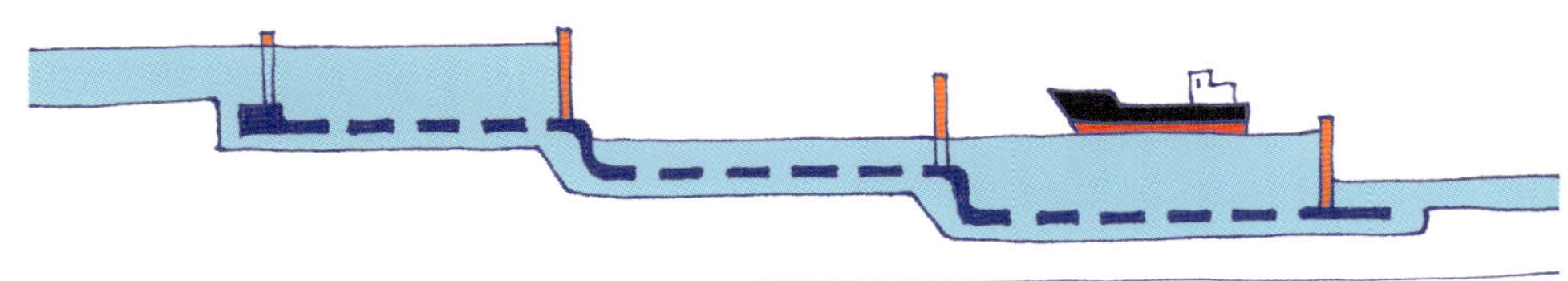

まえの水門が開き、つぎの水そうにすすむ。

水のエレベーターは3か所。少しずつ船の水位をかえてすすんでいく。

あぁ、そっか。だから、水のエレベーターなんだね。遠くから見ると、運河は水の階段みたいだ。

運河がせまいところでは、船が自分の力ですすむのではなくて、陸にいる電気機関車が船をひっぱってすすむこともあるわよ。この運河を通りぬけるのに10時間ほど。それにとちゅうの水門のところでまつ時間をふくめると、ほぼ24時間かかるそうなの。

ふーん。地図で見ると、細いところを通りぬけるだけのように見えるけど、実際はとってもたいへんなことなんだね。

それでも、この運河のおかげで、船がものをはこぶのにかかる時間がとても短くなって、世界の貿易に大きな影響をあたえたのよ。日本の船も、多くがこの運河を利用しているんだから。

北アメリカ地図

北アメリカ大陸には、カナダ、アメリカ合衆国、メキシコ。そしてメキシコと南アメリカ大陸のあいだには、グアテマラ、ベリーズ、エルサルバドル、ホンジュラス、ニカラグア、コスタリカ、パナマの7か国がある。この7か国を「中央アメリカ」とよぶこともある。パナマ運河をさかいに、パナマは一部が南アメリカ州にふくまれる。

グリーンランド（デンマーク）やカナダの島々、カリブ海の西インド諸島も、北アメリカ州にはいる。大陸の西がわには、ロッキー山脈、メキシコ高原と、高い山がつらなっている。

北極に近いカナダの北がわは夏でもすずしいけれど、南アメリカとのさかいめのパナマは赤道に近く、一年じゅうあつい。

カナダでは英語とフランス語、アメリカ合衆国では英語を話す人が多く、中央アメリカではスペイン語を話す人が多い。

南アメリカ州

こんどは南アメリカ州にやってきた。
まずはペルーにいこう。
ここには、むかしインカ帝国の都があって、
そこには空中都市といわれるマチュピチュ遺跡があるんだ。
つぎにブラジルにむかおう。
リオデジャネイロのサンバ・カーニバルには、
たくさんの人があつまるよ。
もしかしたら、有名なサッカー選手にあえるかもしれないね。
となりの国アルゼンチンとのさかいででっかい滝を見て、南にすすもう。
パタゴニア地方ではいろいろな動物を見てみたい。
このあたりは南極に近いから、きっとさむいんだろうな。

クスコの街なみ

すきまのまったくない石かべ

マチュピチュ遺跡

◆ペルー◆

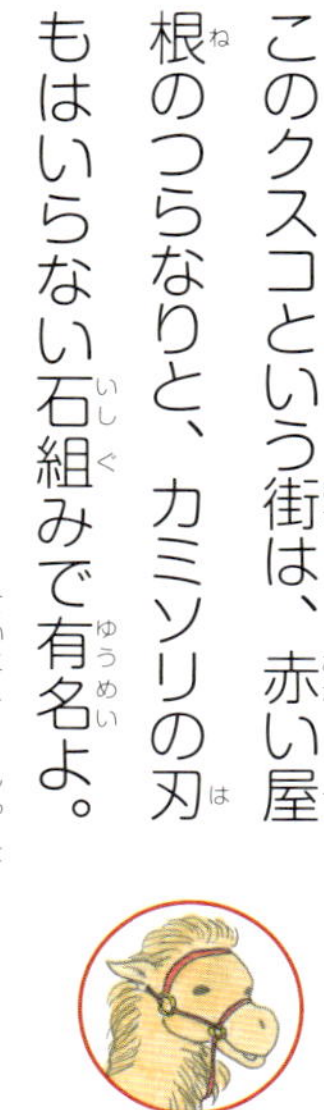

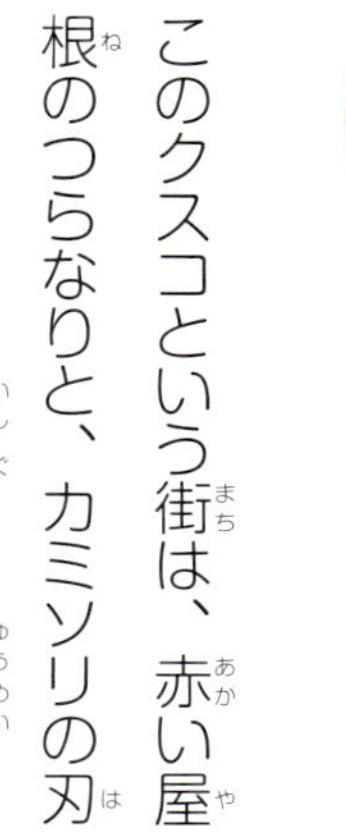

ねぇ、これ見て。石がぴったりで、すきまが全然ない!

このクスコという街は、赤い屋根のつらなりと、カミソリの刃もはいらない石組みで有名よ。ここはむかし、インカ帝国の首都だったの。

インカ帝国って、どんな国だったんだろう……。

列車でマチュピチュ遺跡にいってみましょう。インカ時代のだんだん畑や神殿、宮殿、住居あとが断崖にのこっているの。

よし、探検だ!

マチュピチュ遺跡

マチュ ピチュ遺跡は、クスコから列車で4時間。けわしい山の渓谷にある。高さは2280メートル。その高さから、空中都市とよばれている。

サンバ・カーニバル

◆ブラジル◆

リオデジャネイロはにぎやかな街だ。
サンバのリズムがきこえてきたよ。

2月に「カーニバル」っていう大きなおまつりがあるの。エスコーラという団体ごとに、サンバのおどりをきそうの。7万人もあつまるらしいわ。すごい熱気ね。

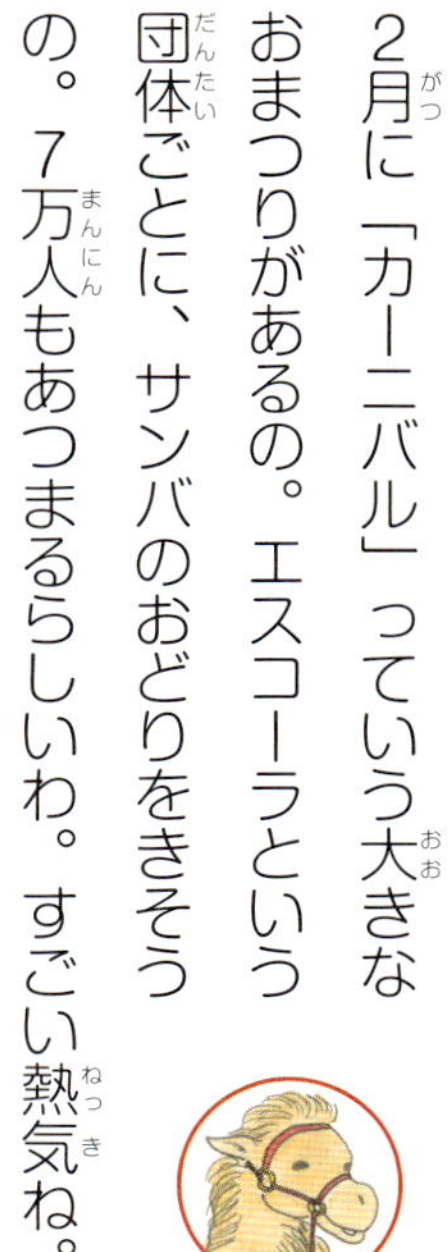

サンバって、なんだか体が自然に動いてしまうよね。それにしても、衣装が〝ドはで〟だなぁ。

となりの街サンパウロには、日本からわたってきた人たちの子孫がたくさんすんでいて、日本食も味わえるわよ。

かつ丼とみそ汁！　いこう。

フロートとよばれる大きな山車のまえを、何百という人がおどりながら行進する。

羽衣装のおどりて

サンバ・カーニバルの会場

ボートで滝に近づく

悪魔ののどぶえにかかる虹

イグアスの滝
◆ブラジル・アルゼンチン◆

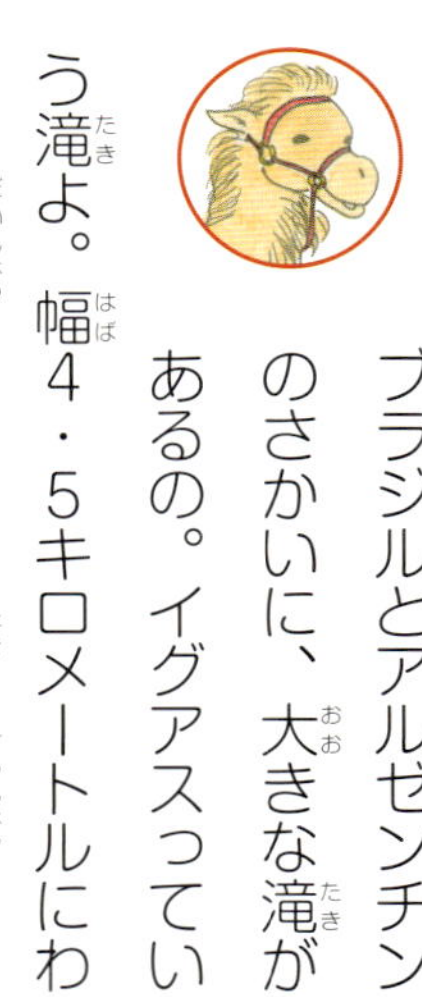

ブラジルとアルゼンチンのさかいに、大きな滝があるの。イグアスっていう滝よ。幅4・5キロメートルにわたる大小さまざまな滝の総称なの。いってみましょう。最大の滝は「悪魔ののどぶえ」よ。

滝のしぶきですずしいね。こんなに大きな滝を、こんなに間近で見ることができるなんて！　大はくりょくだ。

あーあ。水しぶきで、全身びしょぬれだわね。

パタゴニア地方(ちほう)

◆アルゼンチン◆

ここはアルゼンチンの南(みなみ)。南(みなみ)といっても、南極(なんきょく)に近(ちか)いからさむいわね。氷河(ひょうが)やめずらしい動物(どうぶつ)を見(み)るために、世界(せかい)じゅうから人(ひと)がやってくるわ。

あっ、ダチョウだ。

にているけれど、あれはニャンドゥという鳥(とり)。鳥(とり)だけど、とべないの。そのかわり、とてもはやく走(はし)るわ。ただ、どんどん数(かず)がへって、絶滅(ぜつめつ)しそうなの。

かわいい名(な)まえだなぁ。大切(たいせつ)に守(まも)りたいな。

つぎは氷河(ひょうが)よ。氷河(ひょうが)が大(おお)きな音(おと)をたててくずれるところを、大地(だいち)に見(み)せたいの。きっと、びっくりするわよ。

ニャンドゥ

オタリア（手(て)まえ）とウミウ（おく）

ペリト・モレノ氷河(ひょうが)

きりたつ氷(こおり)のかべから、大(おお)きな氷(こおり)のかたまりが、地(じ)ひびきをたててくずれおちる。

南アメリカ地図

ベネズエラ
ガイアナ
スリナム
ギアナ（フランス）
コロンビア
赤道
ガラパゴス諸島
エクアドル
ブラジル
ペルー
ボリビア
パラグアイ
チリ
アルゼンチン
ウルグアイ
フォークランド諸島
（マルビナス諸島）

南アメリカには、北からベネズエラ、コロンビア、エクアドル、ガイアナ、スリナム、ブラジル、ペルー、ボリビア、パラグアイ、ウルグアイ、チリ、アルゼンチンの12か国がある。これらは、ラテンアメリカとよばれることもある。

それ以外に、太平洋にはイグアナがすむガラパゴス諸島（エクアドル）、大西洋にはフォークランド（マルビナス）諸島もある。

南アメリカ大陸は南北に長い。アマゾン川ふきんは赤道に近く、一年じゅうあつい。アルゼンチンやチリの南極に近い場所や、大陸の西がわにあるけわしい山がつらなるアンデス山脈にはさむい土地がひろがっている。

ブラジルではポルトガル語を話す人が多く、アルゼンチンやペルー、チリではスペイン語が話されている。

オセアニア州

オセアニア州は海の世界。
ひろい太平洋に、オーストラリア大陸と、多くの島々がうかんでいる。
まず、ハワイ島の大きな望遠鏡を見てみたい。
オアフ島には、ホノルルというにぎやかな街と美しいビーチがある。
それから、ニュージーランドのアオラキ山にのぼろう。
オーストラリアについたら、大陸を横断する列車にものってみたい。
ひろいひろい平原を、どこまでもまっすぐ走る。
砂漠のなかにあるウルルは、巨大な岩山だ。
大きなこの岩に太陽の光があたって赤くかがやくけしきは、
すばらしいんだって。

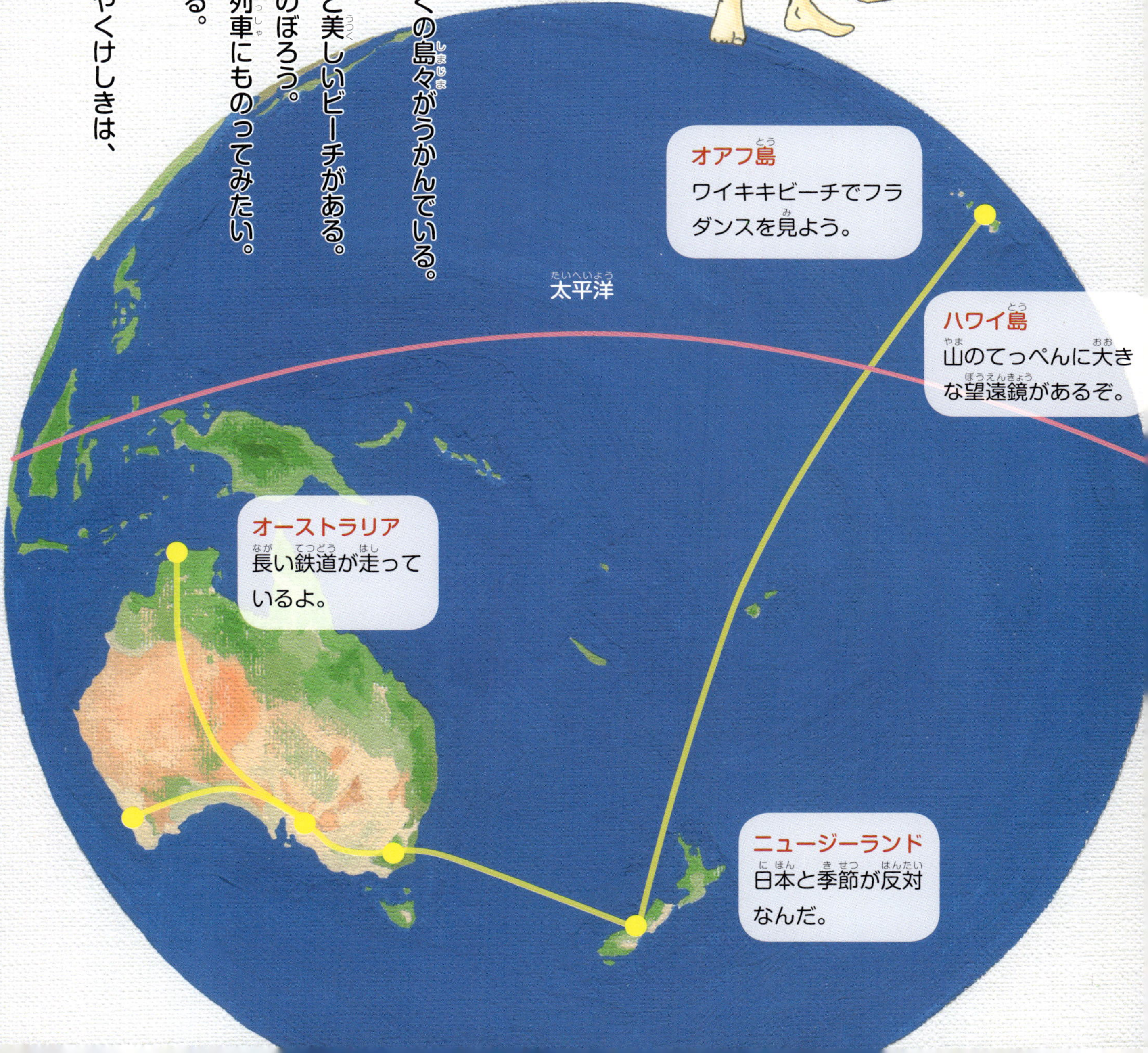

すばる望遠鏡（ハワイ島）

フラダンスはハワイの伝統のおどり。

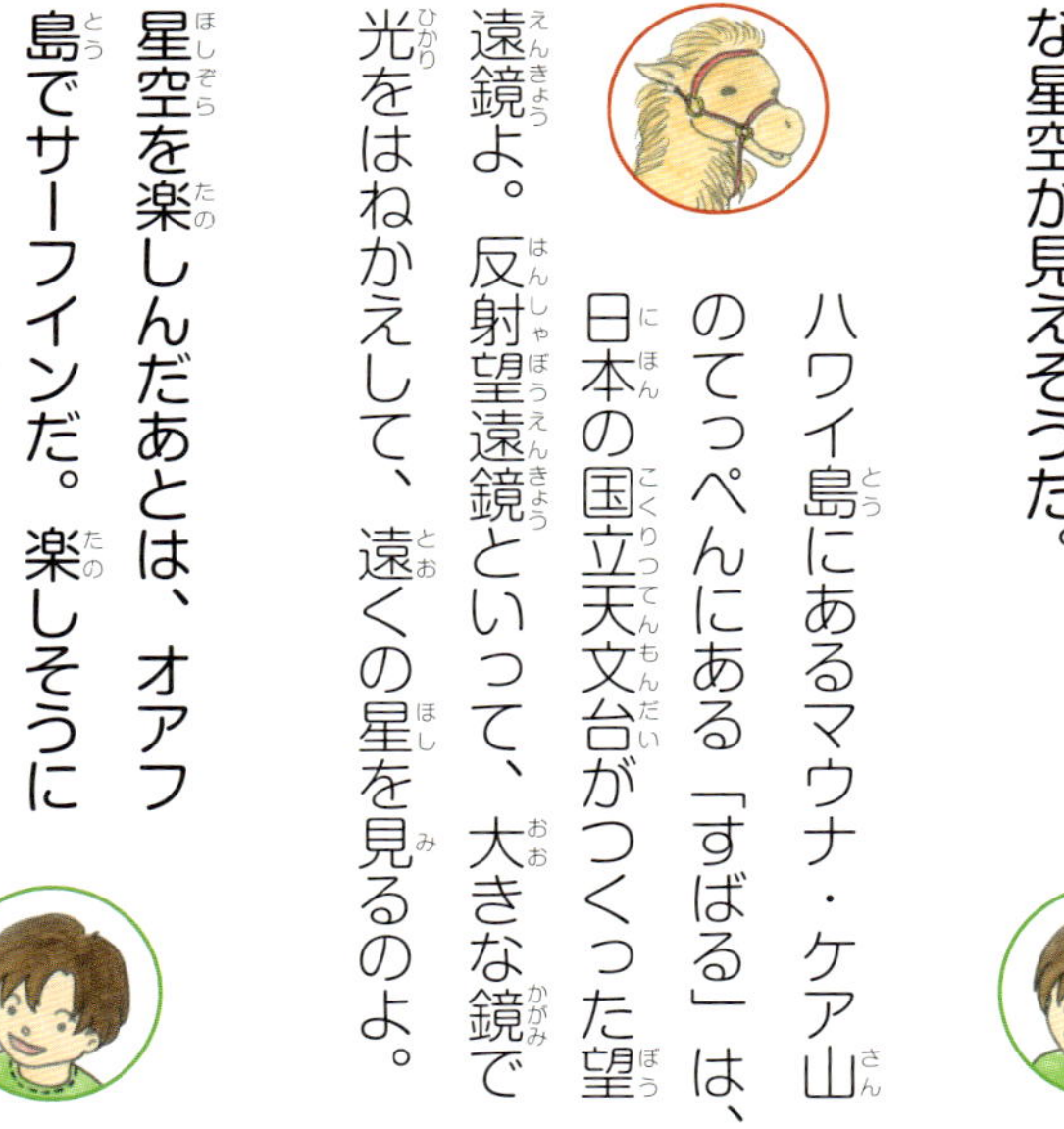

ワイキキビーチ（オアフ島）

ハワイ諸島

◆アメリカ合衆国◆

ハワイ諸島は太平洋にうかぶ島で、アメリカ合衆国の50ある州のひとつなの。

空気がすんでいるね！　きれいな星空が見えそうだ。

ハワイ島にあるマウナ・ケア山のてっぺんにある「すばる」は、日本の国立天文台がつくった望遠鏡よ。反射望遠鏡といって、大きな鏡で光をはねかえして、遠くの星を見るのよ。

星空を楽しんだあとは、オアフ島でサーフインだ。楽しそうにおどっている人たちもいる。あれが、きっとフラダンスだな。

アオラキ山

◆ニュージーランド◆

ニュージーランドは、北島と南島にわかれているの。アオラキ山は、南島にある。ニュージーランドでは北島より南島のほうが南極に近くて、さむいわよ。ヒツジがたくさんいる国なの。

そうか、ニュージーランドは赤道よりも南の南半球にあるから、南にいくほどさむいんだ。日本とは反対だね。あ、見て。ヒツジの群れだ！

アオラキ山は、クック山ともよばれてるわね。高さは3754メートル。山には、氷でできた川があるの。氷河というのよ。このあたりにはスキー場もあるわ。6、7、8月が冬で、スキーの季節。南半球は季節がぎゃくなの。

ヒツジの群れ

アオラキ山

スキー場

トランスコンティネンタル鉄道

◆オーストラリア◆

ひろいオーストラリア大陸の東と西をむすぶ鉄道があるのよ。東のシドニーという町から西のパースという町までいくの。距離は3960キロメートルにもなるわ。

ずいぶん長い距離だね。日本の北海道から沖縄県までが約3000キロメートルだから、それよりも長いよ。

よく知ってるわね！「インディアン・パシフィック号」は、グレートビクトリア砂漠の南にある平原を通っていくの。

けしき、よさそうだなぁ。

とちゅうに、478キロメートルつづく、まっすぐな線路があるのよ。世界でいちばん長い直線の線路なんですって。

インディアン・パシフィック号

ザ・ガン号

ウルル

へぇー、すごいや！　高い山や大きな町がなにもないよ。ナラボー平原を走りぬけるんだね。

土曜日の午後に、列車がシドニーを出発すると、パースにつくのは、火曜日よ。3泊4日、約67時間もかかる長い旅なのね。

なんてひろい大陸なんだ。列車の窓から地平線を見てみたいなぁ。

オーストラリアでは、このほかに南と北をむすぶ列車もあるわ。「ザ・ガン号」は、南のアデレードの町から北のダーウィンの町まで走るわ。鉱山でとれる鉄鉱石は、とても長い貨物列車で港まではこばれるの。そこから船で外国にとどけられるのよ。もちろん日本にも。ウルル（エアーズロック）は、オーストラリア大陸のちょうどまんなかにある、おへそのような大きな岩ね。この岩には、むかしから「精霊がすむ」と考えられていたのよ。

オセアニア地図

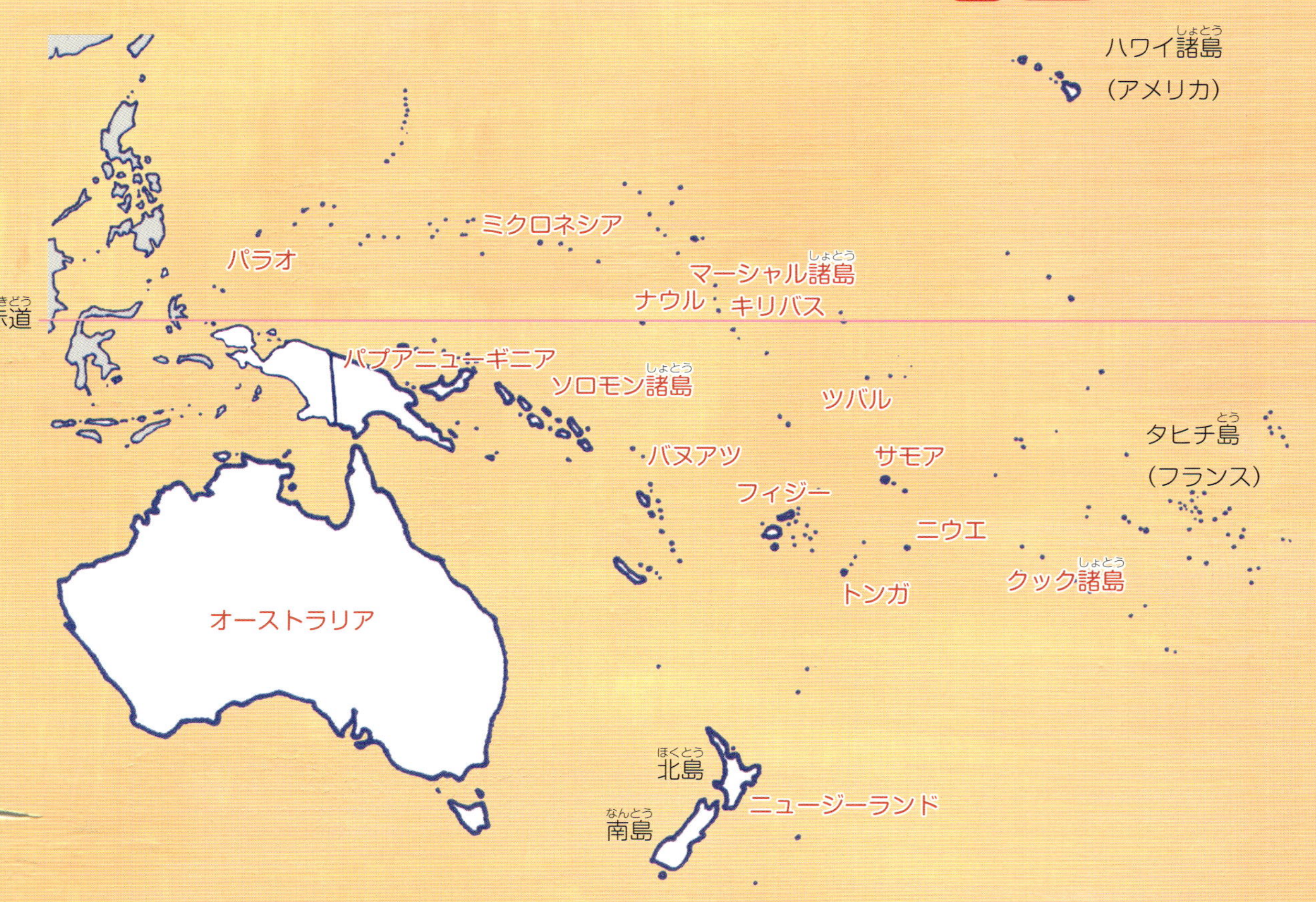

オセアニアには、太平洋にあるオーストラリア大陸と多くの島々がある。島々には、キリバス、クック諸島、ニウエ、サモア、ソロモン諸島、ツバル、トンガ、ナウル、ニュージーランド、バヌアツ、パプアニューギニア、パラオ、フィジー、マーシャル諸島、ミクロネシアなどの国がある。ハワイ諸島はアメリカ合衆国の州のひとつで、タヒチ島はフランス領となっている。

赤道の近くは、熱帯気候で気温が高い。サンゴ礁の海がひろがり、一年じゅう海水浴ができる。赤道から南は南半球になり、南にいくほどさむくなる。ニュージーランドでは冬になると雪がふるので、スキー場もある。

オーストラリアやニュージーランドなどの国旗には、左すみに小さくイギリスの国旗がつけられている。これは、むかしイギリスとの結びつきが強かったから。これらの国では、いまでも英語が話されている。

オーストラリア大陸は、ひろさが日本の国の20個分もある。人口は日本よりずっと少なく、雨のふる量も少ない。

アジア州

とうとうアジア州にやってきた。
まずインドネシアの島々をまわって、
赤道をこえたら、ユーラシア大陸に上陸だ。
「世界の屋根」といわれるヒマラヤ山脈をめざして、
ネパールにむかおう。
そこから西にむかって、インドの美しい建物を見よう。
トルコはアジアの西のはし。
ヨーロッパとのさかいめって、どんなだろう。
トルコからロシアにまわって、
こんどはシベリア鉄道にのって東にむかうんだ。
旅のしあげは中国だ。パンダにあいたいな。
アジアって、なんてひろいんだ！

ロシア連邦
シベリアの平原を鉄道にのって走ろう。

中華人民共和国
万里の長城って、どんなお城だ？

トルコ
アジアとヨーロッパをわける海峡がある！

ネパール
世界一の山を見にいこう。

太平洋

インド
建物のかたちが独特だ。

インド洋

インドネシア
たくさんの島があつまった国だ。

ボロブドゥール遺跡

◆インドネシア◆

インドネシアは、赤道にまたがる1万数千もの大小の島々があつまってできた国。なかでもジャワ島のボロブドゥール遺跡は、カンボジアのアンコールワット、ミャンマーのバガン遺跡とならぶ、アジア三大仏教遺跡なの。

むこうから音楽がきこえてくるよ。あれはなんだろう？

ガムランね。太鼓、ドラ、鉄琴などの打楽器でかなでる民族音楽よ。ジャワ島やバリ島の、ガムランとそれにあわせたおどりは、人気があるわ。

衣装があざやかで、とてもきれいだね。おどりも独特だ。

ボロブドゥール遺跡（ジャワ島）

ガムランにあわせておどる（バリ島）

ヒマラヤ山脈

◆ネパール◆

ヒマラヤ山脈は、パキスタン、インド、ネパール、ブータン、中国の5つの国にまたがる大きな山脈よ。なかでもエベレストは高さ8848メートルで、世界一高い山。チベット語ではチョモランマ、ネパール語ではサガルマータというの。

ぼくも、おとなになったら、のぼってみたいな。

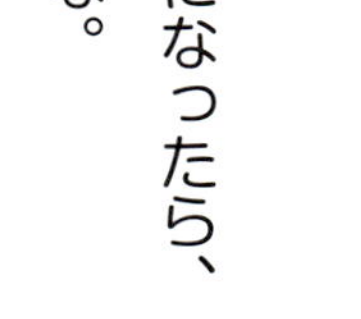

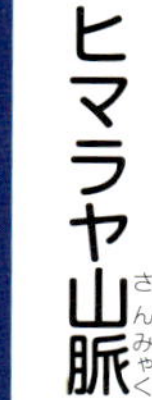

タージ・マハル

◆インド◆

タージ・マハル

まっ白で、なんてきれいな建物なんだろう！

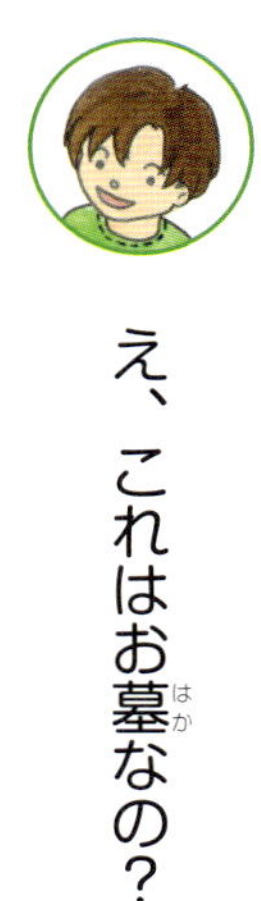

タージ・マハルというのよ。いまから約360年まえにつくられた、インドを代表する建物よ。ムガル国王シャー・ジャハーンが、死んでしまったお妃のためにつくったお墓なの。

え、これはお墓なの？

そう。すべて大理石でできているの。世界各地から最高の職人と材料をあつめて、完成までに約22年もかかったといわれているわ。これだけの大理石をあつめるだけでも、たいへんだったでしょうね。

ネパールのサガルマータ国立公園は、エベレストをふくむ8000メートル級の山々がそびえる公園だ。

ボスポラス海峡

◆トルコ◆

ボスポラス海峡は、アジアとヨーロッパのさかいめだ。

南北約30キロメートルもある海峡が、イスタンブールという街をふたつにわけているの。ここはかつて、東ローマ帝国、オスマン帝国という大きな国の都だった場所よ。

わぁ、歴史を感じるなぁ。

海峡にめんして、オスマン帝国の中心だったトプカプ宮殿があるわ。ごうかね。

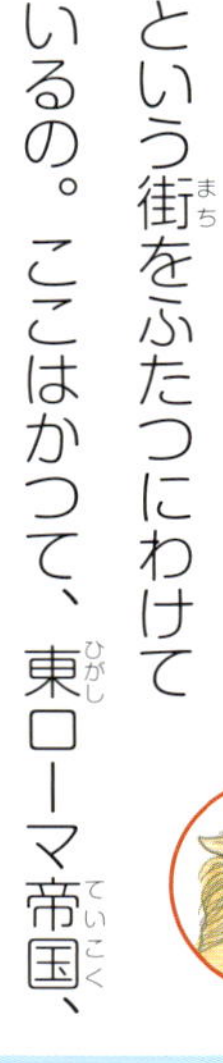

トプカプ宮殿からボスポラス海峡が見えるね。あのむこうがアジアだ!

トプカプ宮殿
なかは、いろいろな建物が複雑につながっていて、迷路のようだ。

ボスポラス海峡
ボスポラス海峡でヨーロッパとアジアにわかれる。

タイガを走るシベリア鉄道

ボルシチ
キャベツや肉、ビーツという赤い野菜などを煮こんだ、ロシアのスープ。

外出には毛皮の帽子。

シベリア鉄道
◆ロシア連邦◆

シベリア鉄道にのってみたかったんだ！ モスクワとウラジオストクをむすぶ、世界でいちばん長い鉄道だよ。

針葉樹林がひろがっているわね。「タイガ」とよばれているの。アジアの北がわはシベリアといって、冬はマイナス30度までさがることもあるわよ。雪と氷におおわれていて、とてもさむいの！ さむさがきびしすぎて樹木がそだたない、ツンドラとよばれる地域もあるの。

この帽子、どう？

とってもにあうわよ。あたたかそうね。ついでに、体があたたまる食べものはいかが？ ボルシチよ。

万里の長城
◆中華人民共和国◆

万里の長城
大地に横たわる巨大な龍にたとえられる。

マントウには具がはいっていないので、おかずといっしょに味わう。

マントウ

見て！　長い「かべ」がどこまでもつづいていくよ。なんのためだろう？

これが万里の長城よ。敵がはいってこられないようにつくられた城壁なの。何百年という時間をかけて、時代をこえてつくられたのよ。まるで龍がはっているようね。

たくさん歩いて、おなかすいたよ。ねぇ、このむしパン、あまみがあっておいしいよ。

マントウというの。中国では、北は小麦、南はお米がよく食べられているわ。そのマントウは、小麦粉からつくられるのよ。

中華料理って、場所によって味つけにとくちょうがあるんだね。

飼育員になつく子パンダたち

北京料理、広東料理、上海料理、四川料理は、中国4大料理といわれてるわ。それぞれの土地にあった味つけになっているの。

中国といえば、やっぱりパンダを見たいな。どこにいけば見られるのかな。動物園？

パンダの故郷は四川省というところよ。ここにはパンダの数をふやして野生にかえすための研究施設があるわよ。いきましょう。

うわっ、赤ちゃんパンダがいっぱいいる！

パンダをふやすのはとてもむずかしいの。飼育員はたいへんよ。でもほら、あんなになつかれてる。よーく見てみると、1頭1頭、顔や耳のかたちがちがうらしいわよ。

アジア地図

アジアの人口は世界でいちばん多く、世界の人口の約60パーセントがここにすんでいる。アジアで人口がいちばん多い都市は、日本の東京だ。

アジアの北のはしは、ツンドラという一年じゅうとけない永久凍土がひろがるつめたい荒野だ。

アジアの範囲はひろく、日本や中国（中華人民共和国）などがふくまれる「東アジア」、インドネシアやフィリピンなどがふくまれる「東南アジア」、ロシアの一部がふくまれる「北アジア」、インドやパキスタンなどがふくまれる「南アジア」、カザフスタンなどがふくまれる「中央アジア」、サウジアラビア、トルコなどがふくまれる「西アジア」にわかれている。南アジア、東南アジアと東アジアは、モンスーンという季節ごとにきまった方向からふく風の影響を強くうける。

ロシアとトルコは、国の一部がヨーロッパ州にふくまれる。インドネシアの一部はオセアニア州にふくまれる。

アジアではたくさんの言語が話される。話す人が多い順に、中国語、日本語、ベトナム語、タイ語となっている。

雪と氷の世界、南極と北極

地球のいちばん南にあるのが南極だ。とてもさむいところなので、雪と氷の世界がひろがっている。海もこおってしまうほどさむいが、たくさんの動物たちがすんでいる。動物園にいるペンギンやオットセイは、もともと南極などのさむいところにすんでいる。えさとなる魚をとるために、つめたい海をいっしょうけんめいおよぎまわる。

南極の上から見たところ

オーストラリア大陸

南極

南アメリカ大陸

アフリカ大陸

まんゆにあるのが南極。
あつい氷の下には、
陸地があるんだよ

北極は海だけど、
さむいので
こおっている

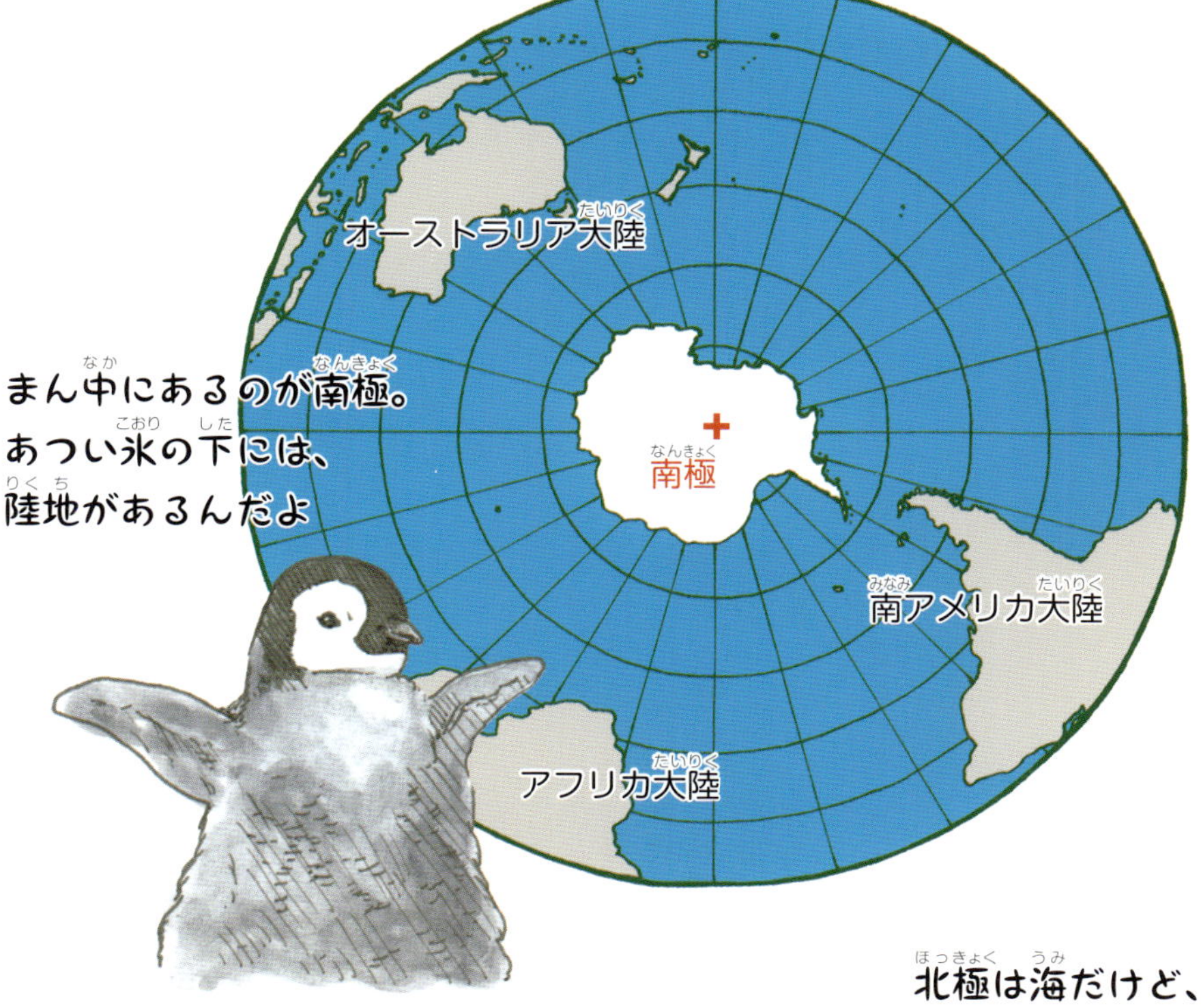

北極の上から見たところ

アフリカ大陸

ユーラシア大陸

北極

北アメリカ大陸

地球のいちばん北にあるのが北極だ。南極とおなじようにとてもさむく、海もこおっているので、その上を歩くこともできる。北極のまわりには、氷でうちをつくったり、アザラシやクジラなどを食べたりしてくらしてきた人たちがいる。さむさに負けないように、白いふさふさの毛でおおわれたホッキョクグマなど、大きな動物たちもすんでいる。

世界の国と地域

世界には、日本をいれて全部で200くらいの国・地域がある。地図を見ると、大きな国から小さな国まで、いろいろな国ぐにがあることがわかる。わたしたちがすんでいる日本は、どこにあるだろう? 見つけてみよう。

世界には、日本より大きな国がたくさんある。いちばん大きな国はどこだろう? 日本よりも小さな国がたくさんあつまっているところもある。話すことばも食べるものも、国によってずいぶんちがう。

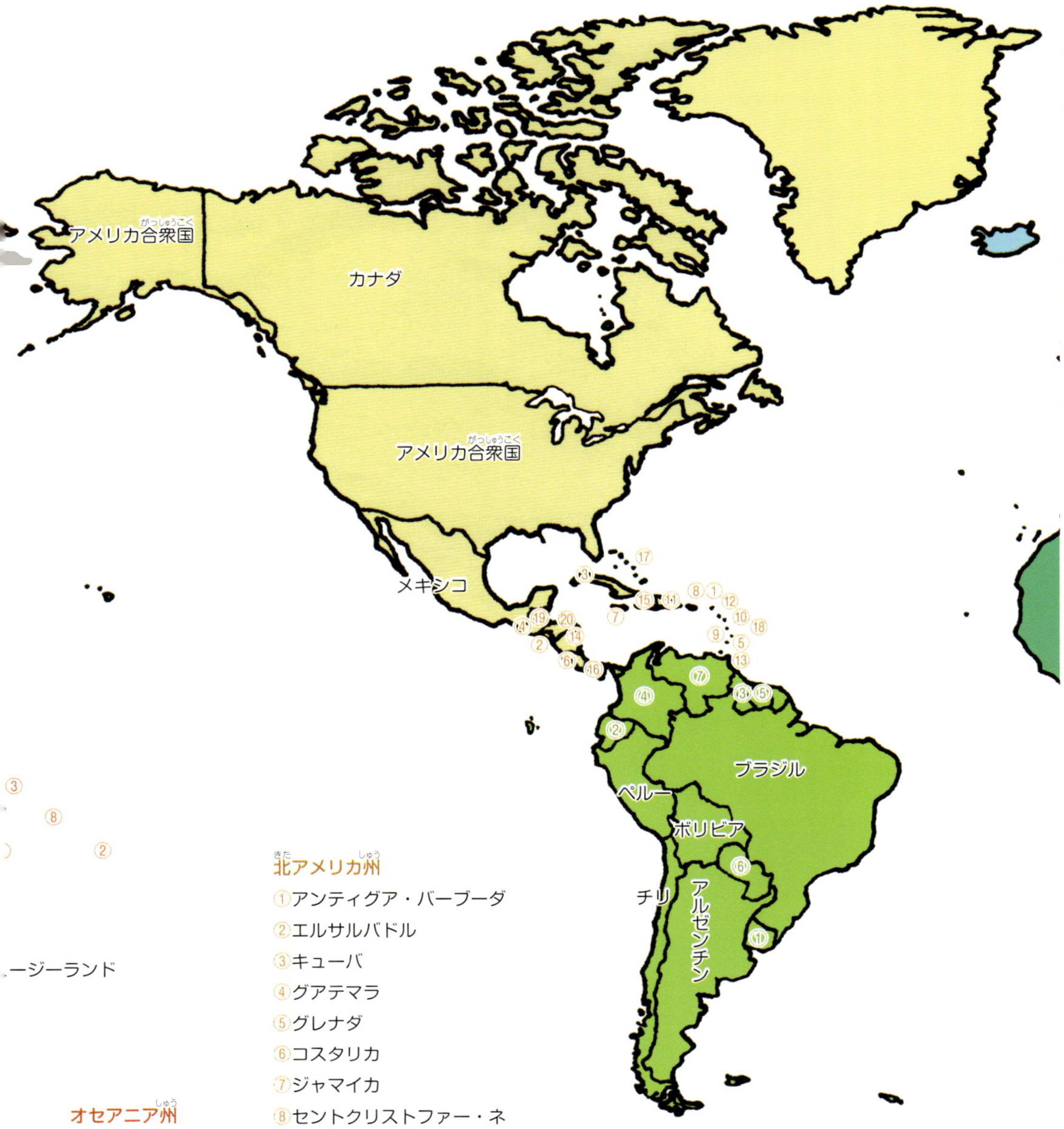

北アメリカ州
1. アンティグア・バーブーダ
2. エルサルバドル
3. キューバ
4. グアテマラ
5. グレナダ
6. コスタリカ
7. ジャマイカ
8. セントクリストファー・ネービス
9. セントビンセント及びグレナディーン諸島
10. セントルシア
11. ドミニカ共和国
12. ドミニカ
13. トリニダード・トバゴ
14. ニカラグア
15. ハイチ
16. パナマ
17. バハマ
18. バルバドス
19. ベリーズ
20. ホンジュラス

オセアニア州
1. キリバス
2. クック諸島
3. サモア
4. ソロモン諸島
5. ツバル
6. トンガ
7. ナウル
8. ニウエ
9. バヌアツ
10. パプアニューギニア
11. パラオ
12. フィジー
13. マーシャル諸島
14. ミクロネシア

南アメリカ州
1. ウルグアイ
2. エクアドル
3. ガイアナ
4. コロンビア
5. スリナム
6. パラグアイ
7. ベネズエラ

その他の地域
北極
南極

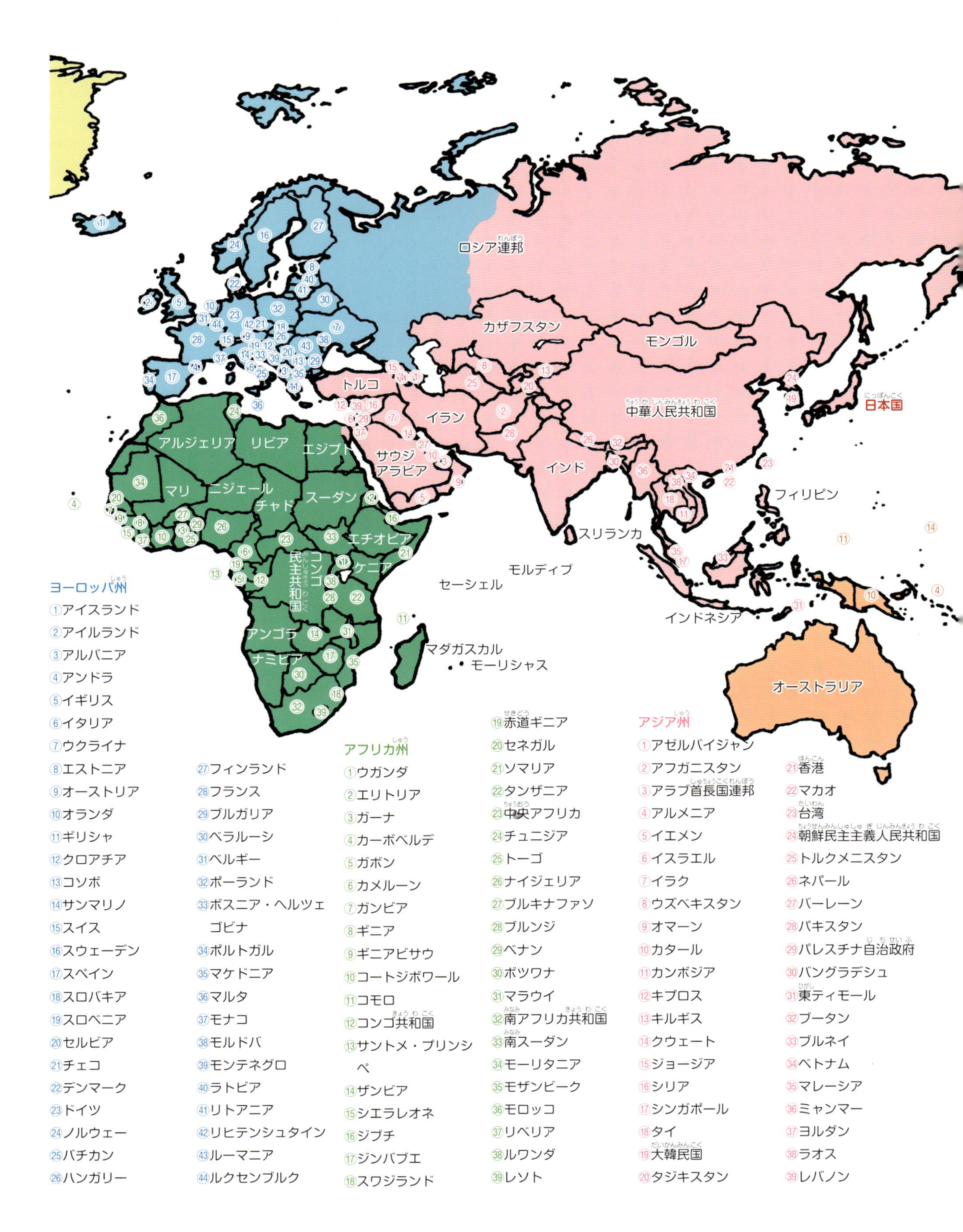
ロシア連邦
カザフスタン
モンゴル
中華人民共和国
日本国
トルコ
イラン
サウジアラビア
インド
フィリピン
スリランカ
モルディブ
セーシェル
インドネシア
マダガスカル
モーリシャス
オーストラリア
アルジェリア
リビア
エジプト
マリ
ニジェール
チャド
スーダン
エチオピア
ケニア
コンゴ民主共和国
アンゴラ
ナミビア
ヨーロッパ州
①アイスランド
②アイルランド
③アルバニア
④アンドラ
⑤イギリス
⑥イタリア
⑦ウクライナ
⑧エストニア
⑨オーストリア
⑩オランダ
⑪ギリシャ
⑫クロアチア
⑬コソボ
⑭サンマリノ
⑮スイス
⑯スウェーデン
⑰スペイン
⑱スロバキア
⑲スロベニア
⑳セルビア
㉑チェコ
㉒デンマーク
㉓ドイツ
㉔ノルウェー
㉕バチカン
㉖ハンガリー
㉗フィンランド
㉘フランス
㉙ブルガリア
㉚ベラルーシ
㉛ベルギー
㉜ポーランド
㉝ボスニア・ヘルツェゴビナ
㉞ポルトガル
㉟マケドニア
㊱マルタ
㊲モナコ
㊳モルドバ
㊴モンテネグロ
㊵ラトビア
㊶リトアニア
㊷リヒテンシュタイン
㊸ルーマニア
㊹ルクセンブルク
アフリカ州
①ウガンダ
②エリトリア
③ガーナ
④カーボベルデ
⑤ガボン
⑥カメルーン
⑦ガンビア
⑧ギニア
⑨ギニアビサウ
⑩コートジボワール
⑪コモロ
⑫コンゴ共和国
⑬サントメ・プリンシペ
⑭ザンビア
⑮シエラレオネ
⑯ジブチ
⑰ジンバブエ
⑱スワジランド
⑲赤道ギニア
⑳セネガル
㉑ソマリア
㉒タンザニア
㉓中央アフリカ
㉔チュニジア
㉕トーゴ
㉖ナイジェリア
㉗ブルキナファソ
㉘ブルンジ
㉙ベナン
㉚ボツワナ
㉛マラウイ
㉜南アフリカ共和国
㉝南スーダン
㉞モーリタニア
㉟モザンビーク
㊱モロッコ
㊲リベリア
㊳ルワンダ
㊴レソト
アジア州
①アゼルバイジャン
②アフガニスタン
③アラブ首長国連邦
④アルメニア
⑤イエメン
⑥イスラエル
⑦イラク
⑧ウズベキスタン
⑨オマーン
⑩カタール
⑪カンボジア
⑫キプロス
⑬キルギス
⑭クウェート
⑮ジョージア
⑯シリア
⑰シンガポール
⑱タイ
⑲大韓民国
⑳タジキスタン
㉑香港
㉒マカオ
㉓台湾
㉔朝鮮民主主義人民共和国
㉕トルクメニスタン
㉖ネパール
㉗バーレーン
㉘パキスタン
㉙パレスチナ自治政府
㉚バングラデシュ
㉛東ティモール
㉜ブータン
㉝ブルネイ
㉞ベトナム
㉟マレーシア
㊱ミャンマー
㊲ヨルダン
㊳ラオス
㊴レバノン

世界の国ぐに、日本からいくと……

世界はとてもひろいので、日本から飛行機をつかってでかけても、何時間もかかる。

アフリカや南アメリカへいくには、とちゅうで飛行機をのりかえなければならないので、とくに時間がかかる。

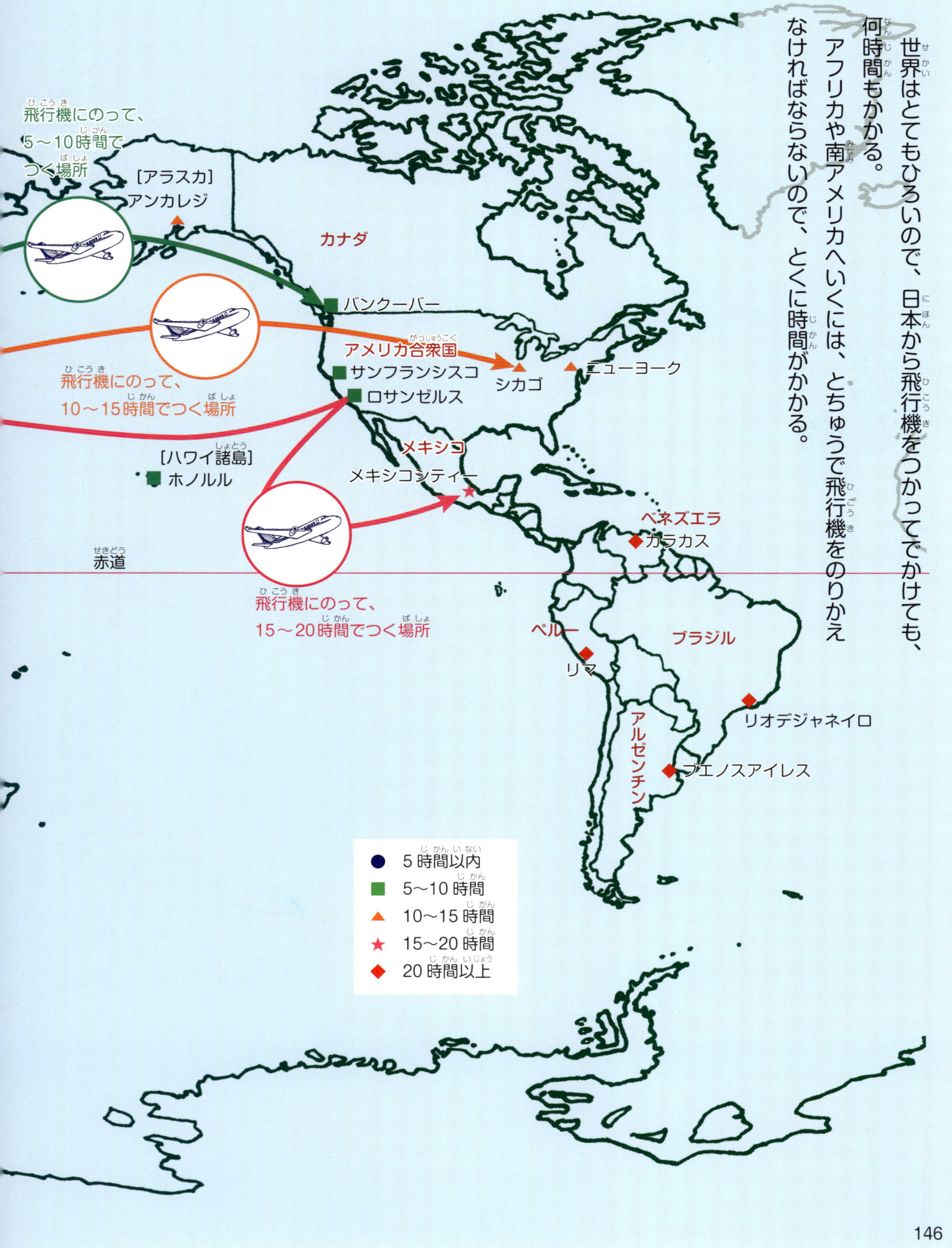

飛行機にのって、5～10時間でつく場所

[アラスカ]
アンカレジ

カナダ
バンクーバー

アメリカ合衆国
サンフランシスコ
ロサンゼルス
シカゴ
ニューヨーク

飛行機にのって、10～15時間でつく場所

[ハワイ諸島]
ホノルル

メキシコ
メキシコシティー

ベネズエラ
カラカス

赤道

飛行機にのって、15～20時間でつく場所

ペルー
リマ

ブラジル
リオデジャネイロ

アルゼンチン
ブエノスアイレス

● 5時間以内
■ 5～10時間
▲ 10～15時間
★ 15～20時間
◆ 20時間以上

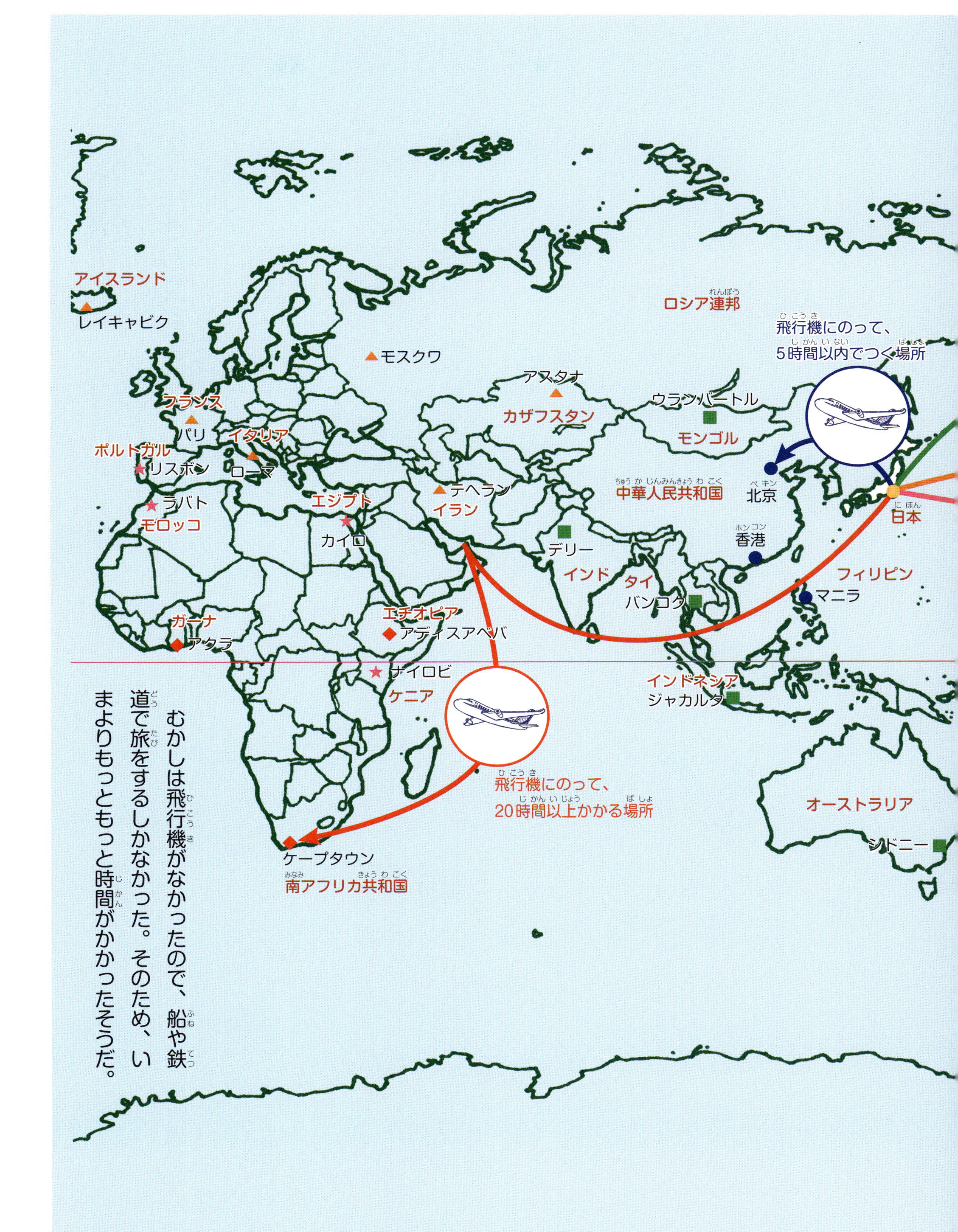

むかしは飛行機がなかったので、船や鉄道で旅をするしかなかった。そのため、いまよりもっともっと時間がかかったそうだ。

世界のくだもの・おかし

あなたが食べたことのあるおかしには、外国でうまれたものが多いって知っていたかな？くだものも世界じゅうでつくられているけれど、おなじ種類のくだものでも、日本で食べているのとかたちや味がちがうものもある。

あなたは、どんなくだものやおかしがおいしそうだと思うかな？

アップルパイ
（アメリカ）

ハロハロ
（フィリピン）
下のほうは、かき氷になっている

ライスプリン
（メキシコ）

オレンジ
（ブラジル）

キウイフルーツ
（ニュージーランド）

レモン
（イタリア）
バウムクーヘン
（ドイツ）
リンゴ
（ポーランド）
杏仁豆腐
（中国）
ドンドルマ
（トルコ）
のびるアイスクリーム
チュロス
（スペイン）
ナツメヤシ
（エジプト）
バナナ（インド）
ふつうのバナナより
小さめ
グレープフルーツ
（南アフリカ）
マンゴー
（タンザニア）
ココナッツジュース
（インドネシア）
イチゴ
（オーストラリア）

【いってみよう】

交通を調べよう

鉄道博物館（埼玉県さいたま市）

明治時代の蒸気機関車から現在の新幹線まで、いろいろな車両を展示しています。本物の車両にのったり、運転士体験もできます。日本最大級の模型鉄道のジオラマでは、解説をききながら、列車の走るようすを楽しめます。２０１６年には京都に、京都鉄道博物館が開館しました。

実物車両が36両展示されているヒストリーゾーン

（写真提供：鉄道博物館）

住所　〒330-0852　埼玉県さいたま市大宮区大成町3-47
Tel　048（651）0088
HP　http://www.railway-museum.jp/

※JR東日本創立20周年記念事業として2007年に開館。日本と世界の鉄道の資料を保存するとともに、歴史やしくみを学ぶ歴史博物館。写真中央転車台にはC57形蒸気機関車が展示され、その奥には181系特急電車、ED75形電気機関車などが見える。

道の駅（全国）

道の駅は、車の旅がさらに安全で楽しいものになるように、全国あちこちにつくられています。利用する人が休んだり、食事をしたり、おみやげを買ったりすることができます。道の駅近くの地域を紹介するイベントを開いて、特産物や観光などについても教えてくれます。

全国にある道の駅の数

2016年5月現在、全国に1093駅ある。
HP　http://www.michi-no-eki.jp/

※「道の駅」は、国土交通省に申請して登録をうけた地方自治体などが運営している。休憩、情報発信、地域連携の3つの機能をそなえ、「地域とともにつくる個性豊かなにぎわいの場」をめざしている。上はシンボルマーク。

地図をつくる・橋をかける

地図と測量の科学館（茨城県つくば市）

わたしたちの生活にかかせない地図や測量の役割を、楽しみながら知ることができます。1階には床一面をおおう日本地図があり、特別なめがねをかけると、山や平野などの地形が立体的に見えます。外には、直径22メートルもある「日本列島球体模型」があり、地球のまるさを体験できます。

日本列島球体模型

（写真提供：国土地理院「地図と測量の科学館」）

住所　〒305-0811　茨城県つくば市北郷1番
　　　国土交通省　国土地理院

Tel　029（864）1872

HP　http://www.gsi.go.jp/MUSEUM/

※国土地理院に併設する科学館。国土交通省の特別の機関である国土地理院は、国土の基本測量や、国の基本図である「地形図」の作成などをおこなっている。

橋の科学館（兵庫県神戸市）

本州と四国のあいだは、神戸淡路鳴門自動車道・瀬戸大橋・しまなみ海道の3本の橋のルート（道）があります。瀬戸内の海にこれらの橋をかける工事は困難が多く、すべての橋が完成するまで長い年月がかかりました。橋の科学館では、橋をかけるための工夫と技術を、映像や模型などで紹介しています。

風洞実験につかわれた実物模型

（写真提供：橋の科学館）

住所　〒655-0047　兵庫県神戸市垂水区東舞子町4-114

Tel　078（784）3339

HP　http://www.hashinokagakukan.jp

※本州四国連絡高速道路株式会社が設置。本州四国連絡橋のなかでも日本の架橋技術の集大成「明石海峡大橋」の建設につかわれた世界最高水準の橋梁技術や、3ルート完成によってもたらされた社会・経済的効果についても紹介している。

【いってみよう】

北海道のアイヌの文化・沖縄の琉球の文化

平取町立二風谷アイヌ文化博物館

（北海道沙流郡平取町）

アイヌの人たちは、本州の人たちがうつりすむずっとまえから北海道にすんでいました。自然を神々として感謝し、木の実や山菜やキノコ、川をのぼってくるサケをとり、クマやシカを狩ってくらしていました。アイヌの人たちの食べものや着るもの、すまいなどの文化をつたえる博物館です。

常設展示物ロチプ（丸木舟）

（写真提供：平取町立二風谷アイヌ文化博物館）

住所　〒055-0101　北海道沙流郡平取町二風谷55
Tel　01457（2）2892
HP　http://www.town.biratori.hokkaido.jp/biratori/nibutani/

※このアイヌ文化博物館と近隣の萱野茂二風谷アイヌ資料館の2館に、衣服や生活用具・狩猟道具など国の重要有形民俗文化財に指定された1000点以上が展示されている。

首里城公園

（沖縄県那覇市）

沖縄県は１４２９年～１８７９年の約４５０年間、琉球王国という国でした。琉球王国は日本・中国・東南アジアの国ぐにと行き来し、品物をやりとりしていました。王さまがすんでいた首里城は第二次世界大戦でやけてしまいましたが、１９９２年にもとのかたちにたてなおされました。いまは琉球王国のことをつたえる国営公園になっています。

首里城正殿

（写真提供：首里城公園）

住所　〒903-0815　沖縄県那覇市首里金城町1-2
Tel　098（886）2020
HP　http://oki-park.jp/shurijo/

※1879（明治12）年、明治政府は琉球藩を廃止して沖縄県とし、琉球王国はなくなった。首里城は、琉球王国の国王の居城。面積約3万坪と大きく、華麗な蒔絵や彫刻が日本と中国の文化のまじりあった独特の雰囲気をよく伝えている。

三内丸山遺跡（青森県青森市）

とてもひろい縄文時代の村のあとです。調べてみると、高い建物やすまい、お墓などがつくられ、何世代にもわたってすんでいたこともわかりました。縄文時代とおなじように家や建物がたてられています。館内では、石器や土器、編かごの展示もあります。当時のくらしのようすなどをジオラマで見ることができます。

大型掘立柱建物を復元したもの

（写真提供：青森県教育庁文化財保護課）
住所　〒038-0031　青森県青森市三内丸山305
電話　017（781）6078
HP　http://sannaimaruyama.pref.aomori.jp/

※いまから約5500年～4000年まえの集落跡。調査によって、ここではすでにクリなどの植物の栽培や大型掘立柱建物の建築などがおこなわれていることがわかり、従来の縄文文化のイメージを大きく変えた。縄文人のものづくりを体験できる「体験工房」もある。

博物館 明治村（愛知県犬山市）

明治時代を中心とした建物や、のりものをあつめた野外博物館です。レンガづくりや木造の建物にはいって、家具や資料を見ることができます。蒸気機関車にのったり、むかしの人の服を着たり、その時代のレシピをつかってアレンジした食べものを味わったりもできます。

帝国ホテル中央玄関

（写真提供：博物館 明治村）
住所　〒484-0000　愛知県犬山市内山1
Tel　0568（67）0314
HP　http://www.meijimura.com/

※西欧の文物や文化、制度などが一気に流入した明治時代を学ぶことのできる博物館。重要文化財10件をふくむ、明治から昭和初期までの60数余の建造物を移築し、室内も再現している。ツアーやガイドなど充実したプログラムもある。帝国ホテル（上記写真はその中央玄関部）は、アメリカのフランク・ロイド・ライトによる設計。

日本や世界のことをもっと知りたい人のための読書ガイドです。地図の読みかたやつくりかた、鉄道や川がどうなっているか、あちこちのおまつりや伝説、産業など、日本のことを知ることができます。世界にはどんな国旗があるのか、人びとはどんな家でどのようにくらしているのか、などをとりあげた本もあります。ひとりで読める本だけでなく、少しむずかしい本もあるので、おとなの人といっしょに読んでください。15冊のなかには書店で買えない本もあります。まずは図書館でさがしてみてください。

ちずあそび〈知識の絵本〉

●著者 吉村証子 ●絵 帆足次郎 ●岩崎書店 ●1975年

地図にもいろいろな種類があります。あなたがかいた家から学校までの通学路の図も、地図です。地図はふつう、北を上にしてかきます。道だけでなく、目印になる警察や消防署、学校などをかくとわかりやすいです。こうした大きな建物は、記号であらわすこともできます。2万5000分の1の地図では、地図上で1センチの長さが、実際には250メートルになります。本を見ながら、自分でも地図をかいてみませんか?

ぼくのいまいるところ〈かこ・さとしかがくの本1〉

●著者 かこ・さとし ●絵 太田大輔 ●童心社 ●1988年

あなたがいまいるところは、どこですか? ぼくがいまいるのは、ここです。ここって? ぼくの家は町のなかにあります。その町は、高いタワーのある大きな町のとなりにあります。その大きな町は、富士山が見えるところにあって、富士山は日本にあります。日本は、太平洋という大きな海のなかの島です。太平洋は、地球でいちばんひろい海です。わたしたちのいる地球はまるいかたちをしていて、太陽のまわりをぐるぐるまわっているのです。

ぼくらの地図旅行

●著者 那須正幹 ●絵 西村繁男 ●福音館書店 ●1989年

5年生のタモちゃんとシンちゃんは、地図だけをたよりに、岬の灯台まで歩くことになりました。もっていくのは、2万5000分の1の地図。ふたりは、地図とまわりの道やけしきを見くらべながら歩いていきました。線路があります。地図を見ると、おなじように道路が線路に直角にまたがっています。この道であっています。山が見えてきました。地図には線がたくさんかいてあります。線と線のあいだがせまいほど急斜面になります。

日本の駅なるほど百科

楽しみながら、日本地理にも詳しくなれる！〈てつどうはかせシリーズ〉

●交通新聞社　●2014年

「こんぶ」「ごま」「おもしろやまこうげん」「おおがね」「はだかじま」「さんさい」「わに」「ごぼう」「はげ」……これはみんな、鉄道の駅の名まえです。この本には、JRのすべての駅、約4600がのっています。全国の路線図もあるので、どの駅がどこにあるかをさがすことができます。ホームにバスケットゴールがある能代駅（秋田県）、駅舎がかっぱの顔をした田主丸駅（福岡県）、文化財に指定された古い駅など、かわった駅舎の写真ものっています。

馬のゴン太旅日記

●原作　島崎保久　●版画と文　関屋敏隆　●小学館　●1984年

学生の島崎さんは、馬のゴン太にのって、北海道から九州まで冒険旅行にいくことにしました。町でゴン太にのっていると、こどもたちがかけよってきて、なでたり、いき先をきいてきたりと大さわぎになります。箱根の山までくると、いつもはゴン太にのっている島崎さんも、けわしい山道をならんで歩きました。雪のつもった山道を9時間もかかりました。

たまがわ〈日本の川〉

●著者　村松昭　●偕成社　●2008年

多摩川は、東京都と神奈川県のさかいをながれています。鳥のように上空から川をながめてみましょう。川のはじまりは山にふった雨。しずくが線のように細いながれになり、それがだんだんあつまって大きな川になります。下流にいくにつれて、川のまわりには家や建物がふえ、人があつまってきます。多摩川の終点は羽田空港です。ほかにも『よどがわ』や『いしかりがわ』など日本各地の川をえがいた地図絵本があります。

つな引きのお祭り〈たくさんのふしぎ傑作集〉

●著者　北村皆雄　●写真　関戸勇　●絵　高頭祥八　●福音館書店　●2006年

運動会で人気のつなひきは、もともと豊作をねがうおまつりとして、日本各地でおこなわれていました。稲わらから細いなわをない、それをいくつもあわせて太い大づなをつくります。長いつなは、ヘビのすがたをあらわしています。足のない体や生命力の強さから、ヘビは神さまだと信じられてきました。さあまつりがはじまりました。2組にわかれて1年間の豊作をねがいながらつなをひきます。つなをひくほうも応援するほうもとても力がはいります。

【読んでみよう】

りんご 津軽 りんご園の1年間

●著者 叶内拓哉 ●写真 叶内拓哉 ●福音館書店 ●2006年

青森県の津軽地方、岩木山のふもとには、リンゴ畑がひろがっています。農家の人は、花がさくとめしべのひとつひとつに花粉をつけてまわります。

畑には、アシのくきがたばねておいてあります。くきのあなのなかにマメコバチをかっていて、ハチに花粉をつけるてだすけをさせるのです。リンゴをそだてて出荷するまでに、リンゴ1個を10回以上さわるくらい手がかかります。がんばってそだてても、台風などにやられてひと晩でだめになることもあるのです。

日本の伝説 南日本編

●編者 坪田譲治 ●著者 大川悦生 ●偕成社 ●1978年

小豆島の大部村の弥八じいさんは、ある年、麦畑に1本だけとびぬけて大きい穂を見つけました。秋になるとその穂だけはだいじにとっておき、よくねん畑のまんなかにまきました。すると、数十本のみごとな穂ができ、つぎの年には数千本にふえました。いままでの麦より粒も大きく、おいしいのです。じいさんは、村人にもわけてやりました。やがてこの麦は全国にひろがり、〈大部麦〉とよばれるようになりました。

乳牛とともに 酪農家・三友盛行〈農家になろう1〉

●編 農文協 ●写真 みやこうせい ●農山漁村文化協会 ●2012年

北海道で乳牛をかっている家族の話です。春から夏、牛たちはひろい牧場で新鮮な草を食べます。冬は、牛舎のなかで乾草を食べます。乾草は、7月から8月にかけてつくります。家族全員で草をかりあげ、なんどもひっくりかえして太陽でよくかわかします。それを機械でロール状にまるめ、人の背丈ほどもある大きな草のロールを230個もつくります。40頭の牛が、1日にロールを1個半も食べてしまうんですって。

韓国・朝鮮と出会おう〈国際理解ハンドブック〉

●編著者 ヨコハマハギハッキョ実行委員会・山本すみ子 ●国土社 ●1999年

韓国・朝鮮の料理は、トウガラシやにんにく、ゴマ油をたくさんつかいます。小麦粉をといた生地に、にらやにんじんをいれてうすくやいたチヂミは、お好み焼きにそっくり。韓国・朝鮮では、ご飯もスープもスプーンで食べ、おはしはおかずをつまむときにしかつかいません。食器を手にもつことはぎょうぎがわるいことなのです。ほかにも、むかしからあるあそびや歌、お話なども紹介されています。

世界の国旗・クイズ図鑑

●監修 辻原康夫 ●あかね書房 ●2011年

世界にはたくさんの国があって、どの国にもかならず国旗があります。国旗のなかにまるがかいてある国があります。日本もそうですね。日本の国旗の赤いまるは太陽をあらわしていますが、韓国の赤と青のまるは、宇宙をあらわしています。パラオの黄色いまるやラオスの白いまるは、月です。インドのまるは、法輪という仏教のシンボルです。月や星がかいてある国旗、竜やライオンなど動物がかかれている国旗もあります。

せかいのひとびと

●著者 ピーター・スピアー ●絵 ピーター・スピアー ●訳者 松川真弓
●評論社 ●1982年

世界には60億人以上の人たちがいるけれど、おなじ人はいません。体の大きさも、肌の色も、目も、鼻も、耳も、髪の色もちがいます。着るものやおしゃれのしかたもちがいます。でも、うまれたときに小さかったのはみんなおなじです。

かっているペットにも、いろいろな種類があります。イヌ、ネコ、ハムスター、ウサギ、ヒツジ、馬、オウム、アルマジロ、コオロギ、アリ、カメ、ヘビ、カエル、カメレオン、クジャク、サル、ワニ、スカンク……。

世界あちこちゆかいな家めぐり〈たくさんのふしぎ傑作集〉

●著者 小松義夫 ●写真 小松義夫 ●絵 西山晶 ●福音館書店 ●2004年

表紙の家は、アフリカのトーゴのタンベルマ地方の家です。どろでつくって、外がわをカリテという木の実の汁で赤くぬってあります。雨がふると赤い色がながされるので、またぬりなおします。1階には家畜がいて、人は2階でねます。屋上ではマメやトウガラシをほします。外のかべにかかっているのは、魔よけの骨です。

世界じゅうのめずらしい家を、写真とイラストで紹介しています。家のなかのようすもわかります。

カンボジア スレイダー家族と生きる〈世界のともだち12〉

●著者 古賀絵里子 ●写真 古賀絵里子 ●偕成社 ●2014年

スレイダーは13歳。両親、姉、妹と5人で、プノンペン郊外の小さな村にすんでいます。スレイダーは朝から大いそがし。4時に市場にでかけた両親がかえってくるまでに、そうじをし、おさらをあらい、ご飯を火にかけます。学校は午前の部と午後の部にわかれていて、どちらかにいきます。スレイダーは算数が大すき。休み時間には、学校のわきにある店でおやつを買うこともできます。「世界のともだち」は36さつ。いろいろな国の子どものくらしがわかります。

監修者

小原芳明
（おばら・よしあき）

1946年生まれ。米国マンマス大学卒業、スタンフォード大学大学院教育学研究科教育業務・教育政策分析専攻修士課程修了。1987年、玉川大学文学部教授。1994年より学校法人玉川学園理事長、玉川学園園長、玉川大学学長。おもな著書に『教育の挑戦』（玉川大学出版部）など。

編　者

寺本　潔
（てらもと・きよし）

1956年生まれ。筑波大学大学院教育研究科修了。筑波大学附属小学校教諭を経て愛知教育大学助手、助教授、教授を経て、玉川大学教育学部教育学科教授。専攻は、地理学、社会科教育学。編著書に『子どもの初航海―遊び空間と探検行動の地理学』（古今書院）、『伝え合う力が育つ社会科授業』（教育出版）、『観光教育への招待』（ミネルヴァ書房）、監修に『よのなかの図鑑』（小学館）など。児童用教科書として『楽しく学ぶ小学生の地図帳』（帝国書院）など。
第1章「九州地方」「近畿地方」、第2章「世界って、どういうところ」「南アメリカ」

画　家

青木寛子
（あおき・ひろこ）

1982年生まれ。幼いころより父の影響でスケッチブックを持って旅行していたのがきっかけで、旅先の風景、建築物、植物、食べもの、美術品など、さまざまなものを水彩画や色鉛筆画で描きとめている。油彩では風景画を得意とし、空をテーマにした作品を多数制作、さいたま市を中心に個展を開催。輸入商社に勤める傍ら制作活動を続けている。書籍の挿画は本書がはじめて。

執筆者（50音順）

池　俊介
（いけ・しゅんすけ）

早稲田大学教育・総合科学学術院。専門は人文地理学、地理教育論。著書に『ポルトガルを知るための55章』（明石書店）など。
第1章「北海道地方」、第2章「ヨーロッパ」「もういちど世界地図」

内川　健
（うちかわ・たけし）

成蹊小学校。専門は地理教育、社会科教育。共編に『これだけは身につけよう！　社会科の基礎知識』（私立小学校社会科研究会　東洋館出版）など。
第1章「東北地方」「もういちど日本地図」、第2章「アフリカ」

田部俊充
（たべ・としみつ）

日本女子大学人間社会学部。専門はアメリカ地理教育成立史、社会科教育。著書に『大学生のための社会科授業実践ノート　増補版Ⅱ』（風間書房）など。
第1章「中国地方」、第2章「アジア」

吉田和義
（よしだ・かずよし）

創価大学教育学部。専門は地理教育、社会科教育。著書に『地理学習を面白くする授業アイデア』（明治図書）など。
第1章「四国地方」「関東地方」、第2章「オセアニア」

渡瀬恵一
（わたせ・けいいち）

玉川学園学園教学部。専門は初等教育。共著に『アクティブ・ラーニングを考える』（東洋館出版社）など。
第1章「日本って、どういうところ」「中部地方」、第2章「北アメリカ」

玉川百科こども博物誌プロジェクト（50音順）

大森　恵子（学校司書）
川端　拡信（学校教員）
菅原　幸子（書店員）
菅原由美子（児童館員）
杉山きく子（公共図書館司書）
髙桑　幸次（画家・幼稚園指導）
檀上　聖子（編集者）
土屋　和彦（学校教員）
服部比呂美（学芸員）
原田佐和子（科学あそび指導）
人見　礼子（学校教員）
増島　高敬（学校教員）
森　　貴志（編集者）
森田　勝之（大学教員）
渡瀬　恵一（学校教員）

＊　＊　＊

「いってみよう」「読んでみよう」作成
青木　淳子（学校司書）
大森　恵子
杉山きく子

「日本ぐるぐる、のりもの旅」作成
本作り空 Sola

＊　＊　＊

装　丁：辻村益朗
玉川百科こども博物誌事務局（編集・制作）：株式会社 本作り空 Sola

玉川百科こども博物誌
ぐるっと地理めぐり

2016年9月20日　初版第1刷発行

監修者　小原芳明
編　者　寺本　潔
画　家　青木寛子
発行者　小原芳明
発行所　玉川大学出版部
〒194-8610　東京都町田市玉川学園6-1-1
TEL 042-739-8935　FAX 042-739-8940
http://www.tamagawa.jp/up/
振替：00180-7-26665
印刷・製本　図書印刷株式会社

ISBN978-4-472-05972-8 C8625 / NDC290